Stanley McGraw • MÄNNER SCHNELL VERFÜHREN

StanleyMcGraw@aol.com

Stanley McGraw

MÄNNER SCHNELL VERFÜHREN

Wie Sie jeden Traummann haben können...

StMcG Publishing

Herausgeber: Stanley McGraw
Herstellung: Books on Demand GmbH, Norderstedt
Gesamtbearbeitung Deutschland: Nathalie Winterfeld, Köln
Umschlaggestaltung: StMcG Publishing

ISBN 3 - 8311 - 4645 - 4

Printed in Germany

Inhaltsverzeichnis

Vorwort

Männer – welch seltsame Wesen! Für die einen geheimnisvoll und verschlossen, für andere offenherzig und lasziv.

Sicher denken Sie sich gerade während Sie dieses Buch in den Händen halten: »Mal sehen was dieser McGraw mir nützliches erzählen wird, damit ich schnelle Erfolge erzielen kann.« Sie werden sich wundern, wie schnell Sie bei Ihren ersten Erfolgen Vergnügen haben werde. Vielleicht fragen Sie sich aber auch: »Verführungstipps für Frauen – Von einem Mann?« Ich kann Sie auch dabei beruhigen: Ich habe dieses Buch in Zusammenarbeit mit einer ganzen Reihe von Frauen geschrieben, ohne deren Wissen und langjährige Erfahrung dieses Buch nie zustande gekommen wäre.

Auf den folgenden Seiten werden Sie tatsächlich erfahren, wie Sie Ihren Traummann verführen können. Dank der Umsetzung einer konsequenten Strategie, die ich in diesem Buch niedergeschrieben habe. Und diese Strategie ist nicht nur erfolgreich, sie ist auch noch problemlos durchführbar. Ich werde mit dem Vorurteil aufräumen, dass Traummänner nur auf äußerst attraktive und/oder reiche Frauen abfahren. Das ist vom Prinzip her sicher richtig, aber auch »ganz normale« Frauen haben eine Chance bei Traummännern, Sie müssen diese Chance nur nutzen. Sie werden lernen, wie Sie unabhängig von Ihrer Figur, Ihrem Charakter oder externen Faktoren wie Wohlstand, etc. jeden Traummann verführen können, denn Sie gerne verführen wollen.

»Männer Schnell Verführen« zeigt Ihnen, wie Sie so oft Sie wollen einen Traummann verführen können.

Die Verführung von Männern bedeutet immer, ein männliches Objekt der Begierde zu überzeugen, dass man die richtige für ihn ist. Traummänner wollen erobert und entfesselt werden, sie wollen sich ganz und gar ihrer Leidenschaft hingeben. Bis es dazu kommt, ist allerdings einiges zu berücksichtigen. Wer nicht optimal vorbereitet ist oder sich ungeschickt verhält, dem wird es nicht gelingen, den Traummann schnell zu verführen.

Um ein Vorurteil von Anfang an auszuräumen: Dieses Buch hat nicht die Absicht, Männer zu Sexobjekten zu degradieren. Nur wer die Männer in ihrer gesamten Komplexität akzeptiert, der wird es gelingen, viele von ihnen zu verführen. Mit den in diesem Buch aufgezeigten Wegen und Ideen kann es auch Ihnen gelingen, Traummänner Tag für Tag zu verführen. Dabei ist es erstaunlicherweise gleichgültig, ob diese Männer Singles oder in einer festen Beziehung sind. Es wird Ihnen gelingen, sowohl den treuen Ehemann als auch charmante Herzensbrecher zu verführen.

Wenn Sie sich geschickt anstellen und über die nötige Disziplin und Hartnäckigkeit verfügen, dann sind nur Ihrer Phantasie Grenzen gesetzt. Im Vorwort eines Buches klingt so ein Satz etwas übertrieben, aber es ist wahr: Sie können fast jede Traummann haben! Sie müssen es nur wollen. Das Verführen von Traummännern ist vergleichbar mit Sport. Sie brauchen ein festes Ziel, auf das Sie hintrainieren. Wenn Sie konsequent und konzentriert auf Ihr Ziel hinarbeiten, so werden Sie es auch erreichen.

Natürlich sollten Sie sich dabei keine unrealistischen Ziele setzen. Wer nun gleich an irgend einen Schauspieler oder Rockstar gedacht hat, dem muss ich sagen: No Chance! Setzen Sie sich fürs erste lieber realistische Ziele, beispielsweise das Verführen Ihres hübschen Nachbarn oder des attraktiven Kollegen aus dem Büro. Ich werde Ihnen in diesem Buch zeigen, dass Sie es schaffen können, Ihr Objekt der Begierde zu verführen.

Halten Sie einen kurzen Moment inne, und seien Sie noch etwas skeptisch. Das ist völlig berechtigt, die meisten anderen Bücher zu diesem Themengebiet sind der reinste Schund und Sie haben daher Grund genug skeptisch zu sein.

Ich werde Ihnen im Rahmen dieses Buchs aber zeigen, dass es einen Weg gibt, Ihren Traummann ins Bett zu kriegen. Bevor Sie sich dann mit ihm vergnügen, ist natürlich (wie immer im Leben) etwas Arbeit zu leisten. Keine Angst, das hohe Ziel sollte Sie jetzt anspornen und dazu motivieren, dieses Buch konsequent durchzuarbeiten und die Hinweise zu befolgen. Sie werden sehen, dass in Ihnen mehr steckt als Sie bisher für möglich hielten.

Ich wünsche Ihnen viel Spaß bei der folgenden Lektüre des Buches und weiß, dass Ihnen Ihre ersten Erfolge noch mehr Spaß machen werden!

Santa Barbara - Kalifornien, im November 2002

Stanley McGraw

Ich widme dieses Buch meinem schwulen Freund Christian.

Seine Tipps und Tricks in Sachen „Verführung von Männern" machen dieses Buch zu einem wahren Fundus an innovativen Verführungstricks für Frauen.

TEIL1

Grundlagen der Verführung

Um Erfolg zu haben, muss man aussehen, als habe man Erfolg.

Valentin Polcuch

Einleitung

Bevor ich Ihnen erkläre, wie Sie sich mit einem perfekten Training auf den Ernstfall vorbereiten, müssen wir einige Grundlagen der Verführung klären.

Keine Angst, es handelt sich hierbei nicht um abgedroschene Standard-Formeln, wie Sie diese vielleicht aus anderen Ratgebern zum Thema Verführung kennen. Ich werde Ihnen hier bestimmt nicht erzählen, dass Sie zehn Pfund abnehmen müssen oder sich sogar Ihre Brüste vergrößern lassen sollten. Das ist auch überhaupt nicht nötig.

Sie erfahren in den folgenden Kapiteln des Bereichs »Grundlagen der Verführung« lediglich, auf welche Faktoren es bei einer perfekten und effizienten Verführung überhaupt ankommt.

Ehe Sie mit dem ersten Training starten, sollten Sie sich natürlich über alle Komponenten bewusst werden, die dazu führen, dass Sie einen Erfolg erzielen. Bei einer objektiven Einschätzung der Situation sollte Ihnen immer klar sein, wie Ihre Chancen stehen. Natürlich werden Sie vorher nie mit Gewissheit sagen können, ob Sie den Traummann wirklich verführen können. Aber Sie brauchen ein »Feeling« dafür, ob es klappen könnte oder nicht. Nichts nervt mehr, als wenn Ihnen der Auserwählte einen Korb gibt, was natürlich auch mal dazu gehört. Aber es sollte sich doch bitteschön um die seltene Ausnahme und nicht um die Regel handeln. Sie lesen dieses Buch ja gerade deshalb, um zu lernen, wie Sie die Verführung von Traummännern so durchführen, dass sie von Erfolg gekrönt ist. Körbe gehören manchmal dazu, aber die wahre Meisterin erwählt das attraktivste Objekt und weiß dieses für sich zu gewinnen.

Sie werden auf den nächsten Seiten erfahren, was Sie an Grundlagenarbeit vorleisten müssen, um letztendlich erfolgreich zu sein. Natürlich können diese Grundlageninformationen nicht abschließend sein, da jede Verführungssituation anders ist und daher auch immer wieder neue Anforderungen an Sie gestellt werden. Allerdings werden Sie mit einem gesunden Menschenverstand diese Herausforderungen meistern, wenn es in der konkreten Situation darauf ankommt.

Vor der Verführung: Die richtige Einstellung

Bereits vor dem Moment, in dem das Objekt Ihrer Begierde Sie zum ersten Mal gesehen hat, kommt es auf eine der wichtigsten Komponenten für den Erfolg der Verführung an: Nämlich an Ihrer *Einstellung im Kopf.*

Dieser wichtige Faktor wird oft unterschätzt und ist daher einer der maßgeblichen Gründe, wenn der Vorgang der Verführung letztendlich scheitert. Es ist auch eigentlich selbstverständlich: Unsere Stimmung und Gefühlslage verändert nicht nur die Art wie wir uns verhalten und nach außen geben, Sie lässt uns auch unsicher oder unbeholfen wirken und bildet so die Grundlage eines erfolglosen Versuchs.

Natürlich gibt es eine Reihe von Empfindungen, die auf uns im Vorfeld einer Verführung einwirken können: Wir sind nervös oder erregt und stehen unter einem Erfolgsdruck, den wir uns meist selbst vorher aufgebaut haben.

Gerade diese negativen Empfindungen können schon vor der eigentlichen Verführungshandlung die Weichen so ungünstig stellen, dass ein Scheitern vorprogrammiert ist.

Bevor Sie sich also in den folgenden Kapiteln mit dem eigentlichen Akt der erfolgreichen Verführung auseinandersetzen, sollten Sie sich über die ernstzunehmenden Faktoren bewusst werden, die vor der Verführung über Erfolg oder Misserfolg entscheiden.
Es ist für eine gelungene Verführung daher notwendig, dass Sie sich bereits vor jeglicher Handlung von Ihrer Seite von allen negativen Einflüssen befreien.
Dies funktioniert am besten mit der Erwartung eines schnellen Erfolgs, den Sie mit etwas Übung auch sicher haben werden.

Für den Anfang gibt es allerdings einen bewährten Trick, um mit dieser Situation umzugehen: Sie müssen sich selbst künstlich in eine Stimmung versetzen, die in Ihnen ähnlich positive Empfindungen auslöst. Möglich wird dies durch eine Methode, die der Autosuggestion nahe kommt: Wenn Sie Ihren Traummann erblickt haben, dann stellen Sie sich für einen kurzen Moment mit der ganzen Kraft Ihrer Phantasie vor, wie Sie diesen Traummann erfolgreich verführen.
Natürlich weiß auch ich, dass diese Methode eigentlich absolut lächerlich klingt. Aber das Gegenteil ist der Fall. Es gibt nämlich einen guten Grund, so vorzugehen: Unser Körper kann bei der intensiven Vorstellung einer Situation in unseren Gedanken nicht unterscheiden, ob wir uns an eine bekannte Situation erinnern, oder ob diese Situation vollends unserer Phantasie entsprungen ist.
Sowohl die Erinnerung an eine solche Situation, als auch deren imaginäre Vorstellung sorgen aber dafür, dass im Körper Mechanismen in Gang gesetzt werden, die uns den Vorgang der Verführung anders darstellen, als er in Wirklichkeit ist. War es für Sie gerade noch fremd und

aussichtslos, einen besonders attraktiven Traummann zu verführen, so haben Sie unmittelbar nach der imaginären Vorstellung dieser Verführung das Gefühl, es relativ einfach schaffen zu können.

Hochleistungssportler nutzen diese Methode, um mit den gigantischen Anspannungen vor einem Spiel oder einem Wettkampf fertig zu werden. Sie stellen sich bildlich vor, wie Sie beispielsweise den 100m–Lauf gewinnen, wie Ihnen danach die Menschen zujubeln und wie sie anschließend die Goldmedaille in Empfang nehmen. Je ansprechender man sich bei dieser Methode den Sieg vorstellt, umso ruhiger und gelassener wird man dann im entscheidenden Moment sein.
Genau diese Methode müssen Sie nutzen, um gerade bei den ersten Versuchen Ihrer Verführungen ruhig und gelassen zu bleiben. Wenn Ihre innere Grundeinstellung positiv und gelassen ist, haben Sie ein erstes Fundament für eine erfolgreiche Verführung gelegt.

Machen Sie den perfekten ersten Eindruck

Bevor Sie Ihrem Traummann gegenüberstehen und ihn verführen, sollten Sie sich darüber bewusst werden, dass Ihr Traummann garantiert prinzipiell nicht mit jeder Frau ins Bett gehen wird.
Damit wären wir auch schon beim ersten Problem angelangt. Der von Ihnen Auserwählte hat nämlich (wie jeder Traummann) hohe Ansprüche an die potentielle Verführerin, die es zunächst einmal zu befriedigen gilt. Nun brauchen Sie nicht gleich zu verzweifeln. Sie müssen nicht Claudia Schiffer

oder Heidi Klum sein, um einen Traummann schnell ins Bett zu bekommen. Nein, Sie brauchen wirklich nicht so zu sein wie diese bekannten Personen, aber Sie sollten zumindest so wirken. Das klingt jetzt vielleicht schwieriger als es ist, aber eines der Geheimnisse der schnellen Verführung ist die Kunst bei Männern den Eindruck zu erzeugen, es läge Ihnen fern einen Eindruck erzeugen zu wollen.

Für Ihren Erfolg beim Verführen ist es von essentieller Bedeutung, sich so darzustellen wie es die Traummänner begehren. Das ist auch ganz verständlich: Wir leben in einer Zeit, in der die Inszenierung von Auftreten und Aussehen die entscheidende Rolle spielt, und das nicht nur bei der Verführung. Männer ziehen aus wenigen Signalen Schlüsse, die es positiv zu beeinflussen gilt. Jeder Psychologe wird Ihnen bestätigen, dass Männer nur wenige Schlüsselreize genügen, um in einem Schnellverfahren zu entscheiden ob die Frau »die Richtige« ist oder eben nicht. Und in diesen ersten Sekunden, in der Zeit dieses ersten Eindrucks, müssen Sie sich für Ihr Objekt der Begierde als begehrenswerten Sexualpartner darstellen.

Der erste Eindruck ist von entscheidender Bedeutung, um den weiteren Verlauf der Verführung zu bestimmen. Prinzipiell müssen alle möglichen positiven Eigenschaften als Signale von Ihnen an den Traummann gesendet werden. Kommen diese Signale an, so haben Sie schon fast gewonnen.

Doch von was für positiven Eigenschaften sprechen wir hier eigentlich? Sicher glauben Sie, man muss auf einen Mann als sexuell attraktiv wirken, um ihn schnell ins Bett zu bekommen. Das ist nicht ganz richtig, oder warum glauben Sie, dass die hässlichsten Frauen grundsätzlich die attraktivsten Männer haben? Es ist glücklicherweise viel einfacher.

Um einen Traummann schnell ins Bett zu kriegen, müssen Sie charakterliche Vorzüge darstellen, die einen Traummann dazu bringen, mit Ihnen schnell ins Bett zu gehen. Bei diesen darzustellenden Eigenschaften handelt es sich beispielsweise um den Eindruck, sie wären glücklich, erfolgreich, interessant, freundlich und humorvoll.

Das klingt jetzt vielleicht nach etwas viel für den Anfang, aber seien Sie unbesorgt. Es ist durchaus machbar, einem Mann in wenigen Sekunden diese Attribute darzustellen. Und wenn der Mann diese Signale empfängt, dann wirken Sie unwiderstehlich sympathisch und der erste Schritt in Richtung Bett ist getan.

Es ist also in der Tat einfacher als es zunächst scheint. Nun wird natürlich kein Mann zugeben, dass er vornehmlich auf solche Signale reagiert. Die Erfahrung hat jedoch gezeigt, dass man mit solch einer Eindrucksbildung selbst die treuesten Traummänner ins Bett bekommt. Männer haben (genau wie Frauen) auch ihre Schwächen. Und sie können einfach nur schwer widerstehen, wenn Ihnen eine Frau gegenübersteht, der Ihnen die oben genannten Eigenschaften vermittelt.

Diese Eigenschaften bilden daher in ihrer Summe die Grundlage einer jeden Verführung. Fällt eine Eigenschaft weg oder können Sie eine Eigenschaft nicht unmittelbar vermitteln, so ist dies noch kein Beinbruch. Kehrt sich allerdings eine Eigenschaft in diesen ersten Sekunden des Kontakts in das Gegenteil um, so können Sie die Verführung fast ganz vergessen. Das ist auch völlig logisch. Oder glauben Sie, dass ein Traummann aus Mitleid mit einer erfolglos wirkenden Frau schläft? Sicher nicht. Und daher ist das von Ihnen vermittelte Image der erste Schlüssel zum Erfolg.

Ihr Image ist eine der tragenden Säulen, auf die eine schnelle Verführung aufbauen kann. Sie müssen nicht erfolgreicher als andere Frauen sein, aber Sie sollten gewiss so wirken. Es ist also die Selbstdarstellung, die Ihnen den Erfolg näher bringt. Darüber müssen Sie sich immer bewusst sein, denn ohne ein perfektes Image zu vermitteln werden Sie nicht erfolgreich sein. Ganz im Gegenteil: Wenn Ihr Image nicht stimmt, dann werden Ihre besten Absichten und höchsten Ziele unerreichbar bleiben. Ein schlechtes Image steht Ihnen bei der Verführung eines Traummannes nicht nur im Weg, es verhindert die Verführung sogar. Das Wichtigste bei einer perfekten Verführung ist also der erste Eindruck, der das Bild einer begehrenswerten Frau vermitteln muss.

Werden Sie zum Erfolgsmensch

Wie heißt es so schön? »There is no business like showbusiness.« Und das gilt auch für eine erfolgreiche Verführung. Damit Sie sich darüber im klaren sind: Sie müssen jetzt nicht zur Superheldin avancieren, oder krampfhaft versuchen an Geld zu kommen. Nein, Sie müssen nicht mal humorvoll sein oder interessant, aber Sie sollten wissen, wie Sie nach außen wirken und diese Botschaften gezielt in Ihrem Interesse beeinflussen. Egal wie Ihre persönliche Einstellung ist, was für einen Charakter Sie haben oder wie Sie Privat drauf sind. All das zählt bei einer Verführung nicht. Es geht bei einer Verführung mehr um Schein als Sein. Und daher ist es auch mehr als ratsam sich nicht immer so zu geben wie man ist.

Wenn Sie den Traummann, den Sie gerade verführt haben und der neben Ihnen im Bett liegt heiraten möchten, dann kann ich Ihnen nur viel Spaß wünschen. Das hat nämlich überhaupt nichts mit dem zu tun, was ich Ihnen hier gerade zu vermitteln versuche. Bevor Sie den Auserwählten heiraten, müssen Sie ihn von Ihren wahren Werten überzeugen. Das ist ein völlig anderer Ansatzpunkt und kann daher nicht mal annähernd in diesem Buch beschrieben werden. In diesem

Buch lernen Sie nur, wie Sie einen Traummann schnell ins Bett bekommen. Ob daraus mehr werden soll, liegt natürlich in Ihrem eigenen Ermessen. Aber das wird hier nicht behandelt.

Kommen wir also zurück zur schnellen Verführung. Um erfolgreich zu sein, müssen Sie im Auge Ihres Betrachters ein Bild entstehen lassen, das Ihren Kommunikationsabsichten voll und ganz entspricht. Das geht natürlich nicht ohne die nötige Theatralik, ein wenig Selbstdarstellung und manchmal auch ein bisschen Schauspielerei. Das man damit sehr erfolgreich sein kann, beweißt ein Blick auf erfolgreiche Mitmenschen.

Schauen Sie sich doch mal die Frauen an, die immer die Wahnsinns-Männer abschleppen. Sie werden schnell feststellen, dass diese Frauen die gekonnte Selbstinszenierung ganz selbstverständlich praktizieren. Solche Frauen haben keinerlei Probleme damit, in der jeweiligen Situation das passende Programm abspielen zu lassen. Sie können je nach Gegebenheit den coolen Vamp, die nette Kollegin oder die fürsorgliche Mutter spielen. Es macht diesen Frauen überhaupt nichts aus, wenn die private Einstellung mal nicht mit ihrem Bild in der Öffentlichkeit übereinstimmt.

Es wäre jetzt völlig falsch, solche perfekten Selbstdarstellerinnen als gewissenlose Menschen abzutun. Schauen Sie sich doch mal um. Sind wir nicht alle manchmal in Situationen, in denen wir uns anders verhalten als wir in Wirklichkeit gerade drauf sind? Oft machen wir das, um unsere Mitmenschen nicht zu verletzen. Wir freuen uns überschwänglich über ein Geschenk, dass uns eigentlich nicht im geringsten freut. Oder wir hören uns beispielsweise stundenlang die langweiligen Problem unserer Kollegen mit interessierter Miene an. Was spricht eigentlich dagegen, dass wir auch mal an uns denken und uns für unseren eigenen Erfolg mal ein wenig verstellen? Wenn Sie über diese Frage nachdenken, so werden Sie schnell merken, dass überhaupt nichts negatives daran ist, sich selbst etwas besser zu verkaufen, als man in Wirklichkeit ist. Gekonnte Selbstdarstellung ist Öffentlichkeitsarbeit in eigener Sache. Und warum sollten wir auf etwas verzichten, auf das andere längst ihre Erfolge bauen?

Sie müssen sich nun zunächst darüber im klaren sein, was Sie eigentlich darstellen wollen und wie Sie damit auf Männer wirken. Es wird sicher nötig sein, gewohnte Verhaltensmuster aufzubrechen und Ihr Bild in der Öffentlichkeit positiv zu beeinflussen. Entwerfen Sie also zunächst ein ideales Bild von sich. Sie werden interessanterweise feststellen, dass diese Rolle, die Sie spielen werden, nach und nach das »Ich« formt, das Sie wirklich sind. Die Eindruckssteuerung ist daher die ideale Möglichkeit, ihrem eigenen Idealbild näher zu kommen und nebenbei noch die Männer zu erobern, die Sie immer wollten.

Arbeiten Sie an Ihrem Eindruck

Wenn Sie ein Bild in der Öffentlichkeit abgeben wollen, dass Männer als unwiderstehlich empfinden, so müssen Sie zweifellos von Profis lernen. Profis scheuen keine Kosten und Mühen, um im rechten Licht zu stehen. Nehmen Sie sich eine Prominente als Vorbild und versuchen Sie zu analysieren, wie sie in der Öffentlichkeit wirkt. Wenn Sie sich so mit einem Star näher befassen, dann werden Sie feststellen, dass sich hinter der großen blendenden Fassade immer ganz normale Menschen befinden. Jeder noch so erfolgreiche Promi ist letztendlich nur ein Produkt von Managern, die für eine passende PR sorgen. Da Sie sich wahrscheinlich keinen dieser hochbezahlten Manager leisten können, müssen Sie Ihr Glück in die eigene Hand nehmen.

Die Grundlage einer hervorragenden Ausgangslage für erfolgreiche Verführungen ist eine objektive Selbsteinschätzung der gegenwärtigen Situation und des angestrebten Zustandes. Wer sein Image und damit sein Wirken auf Männer verbessern will, muss zunächst einmal einschätzen, wie sein aktuelles »Standing« ist.

Setzen Sie sich also am besten mit einem Blatt Papier hin und halten Sie als Ausgangspunkt für eine erfolgreiche Strategie kurz fest, wie es um Ihr persönliches Profil steht. Eine solche schriftlich fixierte Darstellung Ihres aktuellen Profils ist auch eine interessante Checkliste, wenn Sie dieses von Ihnen angefertigte Dokument in einigen Monaten wieder hervorkramen. Beim Vergleich werden Sie dann schnell feststellen können, wie sehr Sie sich selbst positiv verändert haben. Beschreiben Sie sich auf diesem Blatt Papier doch einfach mal offen und ehrlich so wie Sie aktuell sind. Ohne falsche Scham, Sie müssen dieses Papier ja niemanden zeigen. Notieren Sie ruhig auch Ihre Fehler und Schwächen, die Sie natürlich in Zukunft mit einem perfekten Image überspielen wollen. Auf jeden Fall sollten Ihre Notizen auch Ihre Stärken festhalten, denn die gilt es ja auch später noch deutlicher hervorzuheben.

Fangen Sie jetzt aber bitte nicht an, diese leichte Aufgabenstellung auszulassen! Natürlich verlockt die Lektüre eines Buches dazu, nur passiv die Informationen zu konsumieren und aus einzelnen Gedanken positive Anstöße mitzunehmen. Dann würden Sie aber keinen Erfolg erzielen. Sie müssen sich schon aktiv beteiligen, wenn Sie nach der Lektüre des Buches Traummänner massenweise verführen wollen. Also bitte ehrlich sein, einen Stift zur Hand nehmen und diese erste Übung absolvieren. Sie werden schon noch früh genug merken, wieso ich von Ihnen bereits jetzt eine eiserne Disziplin verlange.

Wenn Sie ein Profil Ihrer Person im jetzigen Zustand angefertigt haben, dann nehmen Sie bitte ein weiteres Blatt Papier zur Hand. Notieren Sie jetzt, wie Sie sich gerne gegenüber Ihrem Traummann darstellen möchten. Sie können auf der entstehenden Liste ruhig auch Ihren Wünschen und Zielen freien Lauf lassen. Schreiben Sie sich eine Person zusammen, die an Ansehen und Charme kaum zu überbieten ist. Wenn Sie diese Liste angefertigt haben, werden Sie schnell feststellen, dass einige der Eigenschaften kaum realistisch darzustellen sein werden. Aber das ist auch nicht nötig. Diese Liste soll dazu dienen, Ihnen einen Eindruck des Optimalzustand zu verdeutlichen. Aber nicht nur dieser Optimalzustand wirkt auf Männer anziehend, auch erweiterte Eigenschaften faszinieren das andere Geschlecht. Ein gutes Beispiel in diesem Zusammenhang ist, wenn Sie (was ich nicht hoffe) kaum oder wenig Freunde haben. Überlegen Sie sich gut, wie man so eine Situation in bezug auf Männer doch noch erfolgreich verwerten kann. Es wäre jetzt völlig unsinnig, sich mit irgendwelchen falschen Freunden vor dem von Ihnen auserwählten Mann zu präsentieren. Das würde sicher Ihr Standing verbessern, Ihrem Naturell entspräche diese Taktik aber nicht. Eine kreative Lösung des Problems könnte sein, dass Sie sich Männer gegenüber als geheimnisvolle Person präsentieren, die rätselhaft und faszinierend zugleich ist. Sie können mir glauben, Männer fühlen sich von solchen Frauen wahnsinnig angezogen.

Jetzt sind Sie gefordert. Finden Sie Ihre Erfolgsformel, fassen Sie auf einem dritten Papier mit kreativen Lösungen zusammen, wie Sie sich in Richtung Ihres Idealbilds entwickeln wollen. Natürlich müssen Sie dabei unterschiedliche Akzente setzen, um letztendlich zum Erfolg zu gelangen. Solche Leitlinien für das persönliche Handeln zu entwickeln ist nicht einfach, es hilft Ihnen aber sich auf Ihr Hauptziel (die erfolgreiche Verführung) zu konzentrieren und Ihrem Objekt der Begierde klare und eindeutige Botschaften zu vermitteln.

Wenn Sie diese drei Listen angefertigt haben, besitzen Sie die Grundlage für eine erfolgreiche Arbeit an Ihrem Image. Jetzt kommt es darauf an, die von Ihnen erarbeiteten Kommunikationsbotschaften einwandfrei zu vermitteln. Wenn Ihnen eine einleuchtende und widerspruchsfreie Vermittlung dieser Botschaften nicht gelingt, dann war Ihre Mühe umsonst und Sie werden es nicht schaffen, den Traummann von sich zu überzeugen und mit ihm letztendlich im Bett zu landen. Leider steht man sich bei dieser Umsetzung der Imageerneuerung meist selbst im Weg. Ein Grund liegt in den uns schon von Kindstagen an eingeprägten Verhaltensweisen, die uns in dieser speziellen Situation leider nicht wirklich weiterhelfen. Ich meine damit Eigenschaften wie Schüchternheit und Bescheidenheit. Machen Sie sich immer klar, dass Sie diesmal in eigener Sache unterwegs sind und daher für manche gewohnte Eigenschaft einfach kein Platz ist. Um der inneren Ruhe willen und der äußeren Professionalität wegen rate ich Ihnen, solche Eigenschaften in Ihr neues Idealbild des eigenen »Selbst« zu integrieren. Manche Männer stehen darauf, wenn die erfolgreiche und humorvolle Gegenüber auch noch eine schüchterne Ader hat.

Wenn für Sie selbst feststeht, mit welchen Stärken Sie bei der Verführung Ihres Traummann ins Rennen gehen, dann kennen Sie Ihre Persönlichkeitsmerkmale und wissen, was Sie besonders gut können. Leider bedeutet diese Selbsterkenntnis noch lange nicht, dass sich Ihre positiven Eigenschaften auch dem Objekt Ihrer Begierde ohne weiteres eröffnen. Sie müssen sich und die von Ihnen verkörperten Eigenschaften also gekonnt in Szene setzen. Und dabei kommt Ihnen die Macht der Bilder zugute.

Die Meinung, die sich die Männer von Ihnen bilden, wird nicht unwesentlich von Ihrer Körperhaltung und Gestik bestimmt. Ihre bloße Erscheinung aktiviert so bei dem Betrachter reflexartige Gefühlsreaktionen. Und diese Eindrücke spielen die zentrale Rolle im Verlauf der Verführung. Sie sind der Ausgangspunkt für ein aufloderndes Begehren und entscheiden so direkt über den Erfolg Ihrer Verführungskünste.

Das Geheimnis einer erfolgreichen Verführung liegt also auch darin, ob man bei Männern die richtigen emotionalen Reaktionen hervorrufen kann. Nur wer sich als begehrenswert darstellen kann, wird von Männern auch als begehrenswert empfunden.

Kommunikation als Basis der Verführung

Wenn Sie mit Ihren neu zu vermittelnden positiven Eigenschaften mit Traummännern in Kontakt treten wollen, dann müssen sich Ihre kommunikativen Fähigkeiten natürlich auf der Höhe der Zeit befinden. Es bringt überhaupt nichts, wenn Sie einen positiven ersten Eindruck schaffen, aber kurz darauf bei den Grundlagen der Kommunikation versagen.

Auch die Kommunikation ist eine tragende Säule der perfekten Verführung und daher in Ihrer Bedeutung nicht zu unterschätzen. Leider wird eine der Verführung dienliche Kommunikation von vielen Frauen nicht beherrscht. Das ist natürlich Ihr großer Vorteil: Wem es gelingt, anständig zu kommunizieren, der weckt Vertrauen und öffnet so die Tür zum Schlafzimmer des Traummannes.

Doch vor einer gepflegten Unterhaltung steht die erste Hürde: Die Kontaktaufnahme. Wir werden uns in den späteren Trainingskapiteln noch einmal ausführlich mit der Kontaktaufnahme in den verschiedensten Situationen befassen, doch die Grundlagen der Kontaktaufnahmen und der darauf aufbauenden Kommunikation sollten Sie sicher beherrschen. Sie werden sozusagen zu Ihrem Handwerkzeug gehören, mit dem Sie später viele Traummänner verführen können.

Die richtige Kontaktaufnahme steht natürlich am Anfang einer gelungenen Kommunikation.

Das viele Verführungsversuche scheitern, liegt teilweise auch daran, dass man nicht den richtigen Anfang findet. Doch die Grundprinzipien einer erfolgreichen Kontaktaufnahme sind kinderleicht und uns allen schon altbekannt. Dazu gehört natürlich zunächst die Aufnahme von Augenkontakt. Dabei sollten Sie den Mann natürlich nicht anstieren, ein sympathisches Lächeln kann in diesem Fall Wunder wirken. Wenn der Traummann Ihnen gegenüber zurücklächelt, dann haben Sie doch schon fast gewonnen.

Nun müssen Sie einen der berühmtberüchtigten ersten Sätze sagen, um mit Ihrem Objekt der Begierde auch ins Gespräch zu kommen. Warten Sie auf keinen Fall, bis Sie von Ihrem Traummann angesprochen werden, sondern ergreifen Sie selbst die Initiative. Nur so können Sie die Handlung auch kontrollieren und den weiteren Verlauf entsprechend führen. Was Sie persönlich in dieser Situation am besten sagen, liegt völlig in Ihrem Ermessen. Manche Zeitgenossen werden Ihnen in dieser Situation zu ganz extremen Sprüchen raten, deren Erfolgsquote bei eins zu zehn liegt. Rechtfertigen tun sich die Vertreterinnen dieser Strategien damit, dass vielleicht immerhin jeder Zehnte auf so einen Spruch positiv reagiert. Das ist sicher richtig, aber ich persönlich finde neun Körbe für einen Treffer doch relativ unangemessen.

Die Erfahrung hat gezeigt, dass man mit den normalsten Sätzen eine fast hundertprozentige Trefferquote hat. Wer mit einem Traummann über einen besonders originellen Spruch Kontakt aufnehmen will, der hat meines Erachtens den Sinn dieses ersten Satzes nicht ganz verstanden.

Anmachsprüche haben eine so unglaublich bescheidene Erfolgsquote, da die wirklich interessanten Männer sich von normalen Frauen mit solchen Sprüchen meist nur nervig angemacht fühlen. Das ist auch ganz verständlich: Wenn Sie ein Mann wären und abends in der Kneipe an der Theke sitzen würden, dann wären Sie mit Sicherheit auch genervt, wenn alle paar Minuten irgendjemand einen primitiven und vermeintlich originellen Anmachspruch loslässt.

Mit Anmachsprüche werden Sie also nicht die größten Erfolge erzielen. Nutzen Sie zur Kontaktaufnahme lieber einen simplen Satz, der lediglich Ihre Gesprächsbereitschaft signalisiert und weder tief schürfend noch ausgefallen sein sollte. Sätze auf Partys wie »Sind Sie auch mit dem Gastgeber verwandt?« oder am Flughafen wie »Warten Sie auch auf den Lufthansa-Flug nach New York?« stoßen bei Männern wohl gerade deshalb auf eine positive Resonanz, da Sie mit solch ungezwungenen Sätzen nicht gleich aufdringlich wirken, was eine natürliche Schutzreaktion bei Männern hervorrufen könnte. Der Sinn eines einleitenden Satzes sollte auch keinesfalls darauf schließen, dass Sie mit der Traummann eigentlich am liebsten im Bett der Gastgeberin verschwinden möchten. Das wäre nicht nur ungemein plump, sondern sicher auch relativ erfolglos bei der Verführung eines Traumannes.

Der Sinn eines ersten Satzes besteht lediglich darin, eine Brücke zu dem von Ihnen favorisierten Mann zu bauen. Wenn Sie den Traummann gewinnen und nicht verlieren wollen, so dürfen Sie natürlich nicht mit der Tür ins Haus fallen. Ihr Ziel in der frühen Phase eines solchen Gesprächs sollte sein, den Gesprächspartner erst mal ermittelnd zu umkreisen und dann behutsam nach Gemeinsamkeiten zu forschen. Es ist also wichtig, dass Sie Ihren Gesprächspartner sympathisch und unaufdringlich ansprechen.

Sie können eigentlich irgend etwas sagen, im Grunde ist es fast egal was. Warten Sie bitte keinesfalls auf einen begnadeten Einfall. Je mehr Sie neben Ihrem Traummann stehen und darüber nachdenken, desto mehr kostbare Zeit vergeht ungenutzt. Seien Sie sich also immer darüber bewusst, das es völlig unerheblich ist, was Sie tatsächlich sagen. Wie der erste Eindruck ausfällt hängt sowieso (wie bereits oben beschrieben) davon ab, wie Ihre Signale und Eigenschaften bei Ihrem Gesprächspartner ankommen. Ihre Haltung, Ihre Stimme, Ihr Tonfall – das sind die eigentlichen Herausforderungen bei der ersten Kontaktaufnahme. Mit der Zeit werden Sie feststellen, dass die erfolgreichsten Verführungen mit Belanglosigkeiten begannen, die ein Gespräch in Gang gebracht haben.

Befinden Sie sich nun in einem Gespräch mit Ihrem Traummann, dann sollten Sie sich auch Ihr eigentliches Ziel noch einmal klar machen. Sie unterhalten sich mit diesem Mann nicht, weil Ihnen gerade langweilig ist, sondern weil Sie eigentlich mit ihm ins Bett wollen. Bevor Ihnen jetzt die eindeutigsten Komplimente über die Lippen kommen, sollten sie zunächst das Vertrauen Ihres Gegenüber gewinnen. Dies gelingt am besten, wenn man im Verlauf des Gespräches eine große Kurve von Allerweltsthemen zu gemeinsamen Interessen hinbekommt.

Bitte setzen Sie sich in einem Gespräch mit dem Auserwählten nicht selbst künstlich unter Druck. Sie brechen das Eis am besten, wenn Sie völlig locker und gelöst über die unterschiedlichsten Themen reden. Sie brauchen dabei keinesfalls etwas besonders witziges oder tiefsinniges sagen, es genügt wenn Sie sich auf dem jeweiligen Themengebiet auskennen und ungezwungen plaudern können.

Wichtig ist es, jetzt gemeinsame Interessen und Berührungspunkte zu finden und deutlich auszudrücken. Damit wir uns richtig verstehen: Sie brauchen natürlich nicht wirklich die Interessen des Mannes zu teilen, mit dem Sie die kommende Nacht verbringen möchten. Es sollte auf ihn aber so wirken, als gäbe es eine Reihe von Berührungspunkten und Gemeinsamkeiten. Das schafft Vertrauen und weckt Interesse. So erhält der Mann ganz nebenbei den Eindruck, bei Ihnen gut aufgehoben zu sein. Und das ist eine wichtige Voraussetzung, um mit Ihnen wenig später im Bett zu landen.

Gerade besonders attraktive oder wohlhabende Männer legen großen Wert darauf, dass »die Chemie stimmt«. Und daher müssen Sie sich im Verlauf des Gespräches gezielt ins rechte Licht rücken. Wenn jetzt der Eindruck entsteht, dass Sie bei diesem Dialog im Mittelpunkt stehen sollen, so wäre das völlig falsch. Wie Sie sicher wissen, lieben Männer Frauen, die gut zuhören können. Und das ist auch eine Ihrer zentralen Aufgaben im Verlauf des Gesprächs. Zeigen Sie Interesse und hören Sie zu. Stellen Sie dem Mann Fragen und hören Sie aufmerksam zu, auch wenn es Ihnen noch so schwer fällt. Nur wer die sehr interessierte Gesprächspartnerin mimt, erntet letztendlich Vertrauen und kommt so zum Ziel.
Wenn Sie Gemeinsamkeiten herausgestellt haben und sich mit Ihrem Traummann in einem angeregten Gespräch befinden, so wird es natürlich langsam Zeit, das Gespräch in die Richtung zu lenken, in der Sie es haben wollen. Um eines vorab zu klären: Wenn es Ihnen gleichgültig ist, ob Ihr Traummann in einer festen Partnerschaft lebt oder nicht, dann fragen Sie nicht danach. Eine gewisse Vorsicht ist bei diesem Thema einfach angesagt. Geben Sie Ihrem Gesprächpartner doch einfach die Chance, im Verlauf des Gesprächs den eigenen Partner zu vergessen und überzeugen Sie ihn von Ihren Vorteilen.

Ganz wichtig auf dem Weg ins Bett können dezente Komplimente sein. Die Betonung liegt auf »dezent«, denn es gibt im Verlauf einer Verführung nur wenig unangenehmeres, als übertriebene und unangebrachte Komplimente. Verwenden Sie Komplimente daher lieber sparsam, sie könnten nämlich in dieser sensiblen Phase völlig nach hinten losgehen. Natürlich ist es sicher nicht hinderlich, wenn Sie sich über den interessanten Beruf Ihres Gesprächspartners äußern, doch jedes Kompliment birgt auch die Gefahr der Aufdringlichkeit. Da Männer lieber das Gefühl haben, selbst zu erobern als erobert zu werden, reagieren manche Männer auf Komplimente schon fast reflexartig abwehrend. Aber das ist sicher Situationsbezogen und liegt daher in Ihrem eigenen Ermessen.

Geradezu essentiell ist dagegen der häufige Augenkontakt mit Ihrem Gesprächspartner. Er sollte natürlich keinesfalls aufdringlich oder stechend wirken, doch ein lockerer Augenkontakt verbunden mit einem sympathischen Lächeln lässt auch beim coolsten Traummann das Eis schmelzen.
Den Einsatz Ihrer Augen sollten Sie beim Verführen eines Mannes sicher beherrschen. Nutzen Sie die Sprache Ihrer Augen! Es ist dabei völlig egal ob Sie nun freundlich oder verschmitzt lächeln. Fangen Sie die Blicke von ihm während des Gesprächs auf und beantworten Sie sie. Natürlich sollten Sie ihm nicht ununterbrochen in die Augen starren, aber das sollte selbstverständlich sein. Je natürlicher Sie sich verhalten, umso angenehmer wirken Sie auf Ihr Gegenüber. Der Blick von ihm vermittelt auch eines der deutlichsten Signale im Verlauf der Verführung: Nämlich, ob Sie heute noch einen Erfolg erzielen können oder nicht. Instinktiv besitzen wir die Fähigkeit, Blicke schnell und eindeutig zu analysieren. Wenn der Blick den er Ihnen schenkt auffordernd, einladend, ermunternd oder verführerisch ist, dann befinden Sie sich bereits auf der Straße des Erfolges.

Erfolgreich verführen mit der EBK–Formel

Aus den Informationen der vorhergehenden Kapitel können Sie entnehmen, dass eine erfolgreiche Verführung bei genauer Analyse aus drei Elementen besteht. Diese drei Grundlagen kann man zur einprägsameren Handhabung in der EBK–Formel zusammenfassen. Bei der Verführung geht es also um:

1. Einen perfekten ersten **E**indruck auf ihn machen.

2. Dem Mann die richtige **B**otschaft über sich selbst zu vermitteln.

3. Durch eine angenehme **K**ommunikation Vertrauen und Nähe zu schaffen und so seine Hemmungen zu überwinden.

Diese drei Faktoren bilden in ihrer Summe die **EBK**–Formel, die es zu kennen und zu beherrschen gilt.
Bei erfolgreicher Anwendung dieser EBK–Formel werden Ihnen die Traummänner zu Füßen liegen und kinderleichte Verführungserfolge sind vorprogrammiert. Wenn es sich bei Ihrer Verführung also um die erfolgreiche Umsetzung einer Strategie und nicht um einen Glückstreffer handeln soll, dann ist die EBK–Formel von essentieller Wichtigkeit für den Vorgang der Verführung. Prägen Sie sich also ein, worauf es bei der Verführung ankommt. Wieso diese drei Faktoren so

ungemein wichtig sind, fasse ich noch einmal kurz zusammen:

Als erster Faktor der EBK–Formel ist der erste Eindruck von entscheidender Bedeutung, um den weiteren Verlauf der Verführung zu bestimmen. Psychologen haben festgestellt, dass Männer meist in den nur wenigen Sekunden des ersten Eindrucks entscheiden, ob eine Frau »die Richtige« ist oder eben nicht. Und in diesen ersten Sekunden, in der Zeit dieses ersten Eindrucks, müssen Sie sich für Ihr Objekt der Begierde als begehrenswerte Sexualpartnerin darstellen.
Prinzipiell müssen alle möglichen positiven Eigenschaften als Signale von Ihnen an den Mann gesendet werden. Kommen diese Signale an, so haben Sie schon fast gewonnen.

Ganz wichtig ist der zweite Faktor, nämlich dem Mann die richtige Botschaft über sich zu vermitteln. Sie brauchen weder reich noch humorvoll zu sein, aber um für einen Traummann als begehrenswert zu erscheinen sollten Sie zumindest so wirken. Es ist daher wichtig, dem Mann positive Eigenschaften zu vermitteln, die Sie als begehrenswert darstellen.
Vergessen Sie nicht: Bei einer Verführung geht es mehr um den »Schein« als das »Sein«.

Durch den dritten und letzten Faktor wird die Verführung quasi in »trockene Tücher« gebracht. Eine angenehme Kommunikation dient dazu, ein erstes Verhältnis der Nähe aufzubauen und so ein intimes Vertrauensverhältnis zu schaffen. Dabei helfen Ihnen nicht nur die gesprochenen Worte, sondern auch der Augenkontakt, Ihre Körperhaltung, Gestik und Mimik.

Wenn Sie diese Faktoren beherrschen und anwenden, steht einer erfolgreichen Verführung nichts mehr im Wege.

Es ist doch eigentlich viel einfacher als man allgemein denkt: Lediglich drei Faktoren entscheiden letztendlich über Sieg und Niederlage.

Nun liegt es an Ihnen, das beste daraus zu machen. Das schöne ist, dass Sie es im Grunde in der Hand haben, ob Sie mehr wollen oder nicht. Und natürlich wollen Sie mehr! Aber werden Sie bitte nicht vorschnell. Bevor wir uns dem Ernstfall widmen, müssen Sie nämlich noch einiges Trainieren. Sie müssen zugeben, das die Grundlagen der Verführung bislang relativ einfach und überschaubar waren. Das stimmt und ich kann Sie beruhigen: Es wird gewiss nicht komplizierter und die Sache hat auch keinen Haken.

Die Verführung ist ein Spiel und wer die simplen Regeln beherzigt der kann damit viel Spaß haben. Nachdem Sie bereits die einfachen Grundlagen erfahren haben, werden Sie in den folgenden Kapiteln erfahren, wie Sie sich auf Ihre Verführungen am besten vorbereiten können. Danach wird es langsam ernst und Sie bekommen wichtige Tipps und Tricks für den Ernstfall, der bei Ihnen bald zur Routine werden kann.

TEIL 2

Training und »Reviere«

Das Geheimnis des Erfolges liegt daran, für die Gelegenheit bereit zu sein, wenn sie kommt.

Benjamin Disraeli

Einleitung

Schon der Volksmund weiß, dass nur Übung den Meister macht. Natürlich gilt für eine schnelle Verführung von Traummännern nichts anderes. Das Schöne an der Verführung ist, dass man sie praktisch überall üben kann und daher auch überall üben sollte.

Sicher haben Sie schon eine dieser Geschichten von einer Bekannten gehört, dass sie einen absolut perfekten Mann im Supermarkt kennen gelernt hat und noch am selben Abend den besten Sex ihres Lebens hatte. Das mag für Sie jetzt noch klingen wie eine angeberische Lügengeschichte. Aber Sie werden sich noch schwer wundern. Das kann Ihnen auch passieren, die Chancen dafür stehen gar nicht mal schlecht!

Ein klassisches Problem von Frauen ist, dass sie ihre wirklich erfolgsversprechenden Jagdreviere nicht erkennen und daher erfolglos bleiben. Das ist doch auch zu typisch: Wenn Sie abends in ein Café gehen und mit Freundinnen einen Capuccino trinken, dann ziehen Sie sich je nach Laune relativ adrett an. Es könnte ja passieren, das am Nebentisch ein äußerst attraktiver Traummann sitzt und Sie mit ihm noch einiges erleben könnten.

Wissen Sie was an dieser Sache komisch ist? In diesem Café wird garantiert kein attraktiver Traummann alleine am Nebentisch sitzen. Trotzdem kleiden Sie sich auch für solche Anlässe immer perfekt und legen Ihr bestes Make-up auf. Man kann ja nie wissen, oder?

Wenn Sie aber Nachmittags im Supermarkt noch schnell ein paar Einkäufe erledigen, dann kommt es schon mal vor, dass Sie in Ihren bequemsten und leider auch hässlichsten

Klamotten durch die Gegend laufen. Zu dumm auch, dass Ihnen gerade im Supermarkt immer die attraktivsten Männer begegnen.

Merken Sie es? Mit dieser kleinen Anekdote habe ich Ihnen schnell vor Augen führen können, wie undiszipliniert manchmal die besten Chancen vergeben werden. In den folgenden Kapiteln werden Sie lernen, dass immer die beste Zeit ist, um neue attraktive Männer kennen zu lernen. Morgens im Bus, mittags in der Kantine und abends im Kino. Erkennen Sie Ihre Möglichkeiten, nutzen Sie Ihre Chancen. Im Grunde eignen sich die verschiedensten Situationen, um einen Traummann zu verführen. Wie genau so eine Verführung dann aussehen kann, hängt jeweils von der konkreten Situation ab. Die richtige Erfahrung erhalten Sie auch erst, wenn Sie in unzähligen Situationen Ihr Können ausprobiert haben und so dass nötige Selbstvertrauen erlangen, dass Ihnen ein noch sichereres Auftreten ermöglicht. Auf den folgenden Seiten finden Sie Beispiele, wie Sie Traummänner schnell verführen können. Keine Angst, ich werde Ihnen jetzt keine intimen Details über mögliche Erfolge berichten. Nein, als Training für Ihre eigene Kreativität beschreibe ich Situationen, die in aller Regel sehr aussichtsreich für Erfolge sind. Sie werden sehen, wie einfach es manchmal sein kann. Natürlich muss ich Ihnen alle aufgeführten Beispiele uneingeschränkt zum nachahmen empfehlen.

Wichtigste Erkenntnis aus den folgenden Kapiteln sollte jedoch sein, dass man attraktive Männer überall und jederzeit verführen kann. Nur mit diesem Wissen lassen sich effektive Erfolge erzielen. Zusätzlich können Sie mit der richtigen Übung lernen, wie man substantielle Fehler vermeidet und schnelle Treffer landen kann.

Das richtige Training

Oft stellt sich gerade Anfängerinnen die Frage, wie man das Verführen von Traummännern am besten üben kann. Die Antwort darauf ist eigentlich ganz einfach und liegt auf der Hand: Üben Sie direkt am Objekt – üben Sie mit Männern.

Natürlich kann es nicht gleich Ihr Traummann sein, den Sie auf offener Straße ansprechen. So eine Aktion am Anfang würde mit Sicherheit voll daneben gehen. Doch was spricht eigentlich dagegen, einen Mann zu verführen, der sich augenscheinlich leicht verführen lässt, eigentlich überhaupt nicht Ihrem Typ entspricht und offengesagt auch unter Ihrem Niveau ist. Solche besonders »offenherzigen« Männer kennt jeder. Nur die wenigsten fangen etwas mit Ihnen an. Damit wir uns jetzt richtig verstehen: Ich will Sie jetzt auch nicht dazu bringen, mit absolut peinlichen Männern ins Bett zu gehen. Das würden Sie mir wohl kaum verzeihen und damit wäre Ihnen auch sicher nicht gedient.

Nein, mit dem *Üben* meine ich, dass Sie mit dieser Art Männer lediglich den Vorgang der Verführung üben sollen. Der eigentliche »Akt« beziehungsweise das Ziel der Verführung (im Klartext: der Sex) kann dann ausgelassen werden. Sie können sozusagen kurz bevor es ernst wird die Notbremse ziehen und aussteigen.

Einige von Ihnen werden jetzt sicher Argumente einfallen wie: »Aber so etwas macht man doch nicht!« oder »Das ist doch ungerecht den Männern gegenüber!«. Wenn auch Ihnen solche Argumente in den Sinn gekommen sind, dann kann ich Ihnen nur eins erwidern: Sie sind noch viel zu anständig!

Denken Sie ruhig mal darüber nach, von wie vielen Männern Sie schon richtig heiß gemacht wurden und die Sie dann trotzdem nicht rangelassen haben. Und, war das vielleicht auch besonders nett Ihnen gegenüber? Sicher nicht.

Und wer jeden Abend einen anderen Traummann verführen will, der kommt am Training nicht vorbei. Wenn Sie so eine liebe Person sind, dann können Sie ja gerne aus Mitleid mit den Männern schlafen, wenn Sie es unbedingt für nötig halten. Ich kann Ihnen von solch einem falschen Mitleid nur abraten.

Das zielgerichtete Training bildet also die unbestrittene Grundlage einer jeden erfolgreichen Verführung. Am besten beginnen Sie mit Männern, bei denen Sie wissen, dass Sie sowieso eine Chance bei Ihnen hätten. Denken Sie bei der Verführung immer daran, dass Sie gerade trainieren und aus jeder Situation etwas lernen möchten. Machen Sie es sich daher auch nicht selbst zu einfach. Wenn Sie zu dem Mann, die Ihnen seit Jahren hinterherläuft, einfach nur »Ja« sagen, so handelt es sich dabei trotz Erfolg wohl sicher nicht um eine Verführung.

Sie sollten vielmehr ausprobieren und testen, wie unterschiedliche Signale bei Männern ankommen und bei diesen Wirkung zeigen. Wenn Sie diese Versuche mehrmals durchführen und Ihre Ergebnisse jedes Mal genau analysieren, dann werden Sie mit der Zeit und der wachsenden Erfahrung merken, worauf es eigentlich wirklich ankommt.

Natürlich sollten Sie das Niveau Ihres Trainings von Mann zu Mann steigern. Nur so kommen Sie langfristig Ihrem Ziel näher, aus dem Stand heraus einfach jeden Mann verführen zu können.

Mut und Selbstvertrauen

Das richtige und gründliche Training verfügt noch über eine Reihe weiterer Vorteile, die es in ihrer Summe unentbehrlich machen: Mit jedem neuen Mann werden Sie ein Stück gelassener und gewinnen an Routine. Sie erhöhen Ihr Selbstvertrauen und werden feststellen, dass der ganze Akt der Verführung keine Zauberei ist und auch andere Frauen Ihnen im Grunde überhaupt nichts voraus haben.

Oft wird gezweifelt, wie man sein Selbstvertrauen schnell steigern kann und den nötigen Mut zusammenbekommt, einen seht attraktiven Mann anzusprechen. Ganz klar ist hierbei zu sagen, dass Sie dieses Problem nur am Anfang haben werden. Sobald sich die ersten Erfolge einstellen und sie gemerkt haben, dass alles doch relativ einfach ist, werden Mut und Selbstvertrauen wie von alleine zu einem festen Bestandteil Ihrer Persönlichkeit.

Der Zeitraum bis es allerdings soweit ist, birgt eine große Gefahr: Anfängliche Misserfolge können eine Abwärtsspirale auslösen. Durch Misserfolge schwindet das Selbstvertrauen, durch weniger Selbstvertrauen wird man angespannter, der Erfolgsdruck nimmt zu und es kommt zu mehr Misserfolgen. Um nicht in solch einen Teufelskreis zu gelangen, sollten Sie sich daher noch einmal grundlegend mit der Situation der Verführung befassen.

Sicher gibt es eine Menge Rezepte, wie man Mut und Selbstvertrauen gewinnen kann. Das meiner Meinung nach effektivste sind allerdings handfeste Erfolge. Es gilt also den Anfangszeitraum, in dem die Gefahr für Misserfolge noch unverhältnismäßig hoch ist, relativ gut zu meistern.

Machen Sie sich in diesem Sinne regelmäßig bewusst, dass es einfach dazugehört, am Anfang zu scheitern. Es ist bei der Verführung genauso wie beim Sport: Wenn Sie noch nie auf einem Surfbrett gestanden haben, so werden sie bei den ersten Versuchen auch sehr schnell ins Wasser fallen. Das ist doch völlig normal, es würde eher an ein Wunder grenzen, wenn Sie von Anfang an gut surfen könnten.

Genau so verhält es sich mit den Traummännern: Niemand kann sie von Anfang an perfekt verführen. Keine Frau kann das und daher selbstverständlich auch Sie nicht. Es gibt also nur eine Möglichkeit: Zähne zusammenbeißen, einfach loslegen und aus Fehlern lernen. Mit etwas Mut und Beharrlichkeit wird es Ihnen dann gelingen, diese schwierige Anfangszeit zu überwinden.

Falls Sie der Mut dann doch einmal mehr oder weniger verlässt, habe ich einen guten Tipp für Sie: Schauen Sie sich um! Sie werden immer wieder unattraktive Frauen sehen, die perfekte Männer haben. Machen Sie sich dann bewusst, woran das liegt: Diese Frauen haben es verstanden, die Männer zu überzeugen, dass in ihnen ganz andere Werte stecken.

Männer legen einen größeren Wert auf die Eigenschaften, die Sie ihnen vermitteln müssen. Sie müssen erfolgreich, freundlich, humorvoll und so weiter wirken. Das ist es, was in Männern wirklich eine Begierde auslöst.

Deshalb gibt es auch keinen Grund dafür, dass Sie Ihr Mut verlassen sollte. Wenn es einfach noch nicht so klappt wie es klappen sollte, denken Sie daran, dass es nicht an Ihnen, sondern am Verfahren liegt. Arbeiten Sie daran, indem Sie fleißig üben. Probieren Sie es aus! Verführen Sie Männer bei jeder Gelegenheit, an jedem Ort. So werden Sie feststellen, dass auch in Ihnen mehr Potential steckt, als Sie dies manchmal für möglich halten. Auch in Ihnen steckt eine Meisterin der Verführung, also lassen Sie sie raus!

Männer beim Shopping verführen

Da ich mich in der Einleitung schon positiv über den Supermarkt geäußert habe, will ich auch gleich mit diesem Beispiel beginnen: Supermärkte, Kaufhäuser und Einkaufszentren gehören zu den idealen Orten um Männer kennen zu lernen, die man leicht verführen kann. Dafür mag es viele Gründe geben. Ich weiß nicht warum, aber Männer sind beim Shopping offener für Bekanntschaften jeder Art. Mag es daran liegen, dass Einkaufen Glücksgefühle auslöst, wie eine amerikanische Studie unlängst darlegte? Es kann eigentlich egal sein, aber Fakt bleibt die ideale Eignung zum Verführen von Männern.

Und dass beschränkt sich nicht nur auf Kunden. Hatten Sie nicht auch schon einmal Lust, einen dieser knackigen Verkäufer aus der Sportabteilung zu vernaschen? Bitte beachten Sie in solchen Fällen, dass sich der gute Mann am Arbeitsplatz befindet und es daher mehr Sinn macht, kurz vor Ladenschluss im Geschäft aufzukreuzen. Aber das Verführen eines Verkäufers ist ein klassisches Beispiel und eine relativ leichte Übung für den Anfang. Er ist quasi von Berufs wegen dazu verpflichtet, Sie zu beraten und freundlich zu Ihnen zu sein. Ideal also, wenn Sie sich ebenfalls etwas freundlicher verhalten und den netten Verkäufer in ein Gespräch verwickeln. Damit wäre nämlich der erste Grundstein für eine erfolgsversprechende Aktion gelegt. Verkäufer haben einen stressigen Tag und freuen sich daher immer, wenn

Kundinnen ihrerseits freundlicher sind und sie in ein nettes Gespräch verwickeln.

Sie freuen sich beispielsweise darüber, von Ihnen zu einer Tasse Kaffee eingeladen zu werden. Wenn es Ihnen gelingt, die Mittagspause abzupassen, dann wird er Ihnen dankbar sein, wenn Sie ihn vom Kantinenessen befreien.

Kurz vor Ladenschluss lassen sich auch immer wieder Verkäufer finden, die nach einem anstrengenden Arbeitstag eine kleine Belohnung verdient haben. Sie können sich kaum vorstellen, wie es einen Verkäufer freut, wenn Sie ihn nach der Arbeit noch auf einen Drink einladen. Und wozu Verkäufer auch nach einem langen Arbeitstag noch in der Lage sind, brauche ich Ihnen sicher nicht näher zu beschreiben.

Ähnlich leicht wie mit Verkäufern kann man es auch mit den Kunden haben. Vorausgesetzt, man begibt sich ins richtige Revier. Eine Abteilung die ich Ihnen in diesem Sinn besonders ans Herzen legen möchte, ist die Parfümabteilung. Sie werden nicht glauben, wie viele Vorteile die Parfümabteilung in Bezug auf Männer vereint. Männer die Sie in Parfümerien antreffen riechen nicht nur besonders gut, sie sind auch gepflegter und legen mehr Wert auf ihr Äußeres als manch anderer Mann.

Das hört sich doch schon mal ganz gut an, aber es kommt noch besser: Kunden in Parfümerien fehlt oft die Frau, die ihnen eigentlich das Parfüm schenken sollte. Bingo! Das ist eine dieser Chancen, die man einfach nur nutzen muss. Natürlich sind nicht alle Kunden von Parfümerien Singles, das wäre wohl zuviel des guten. Aber es hält Sie ja auch niemand davon ab, einen Mann zu verführen, der sich bereits in einer Partnerschaft befindet. Einen Versuch ist es also allemal Wert.

Doch nicht nur in Parfümerien bieten sich gute Gelegenheiten um attraktive Männer kennen zu lernen, auch andere

Abteilungen in Kaufhäusern und gerade die Supermärkte haben ihre Vorteile.

Im Supermarkt kommt ein besonderer Bonus dazu: Der Inhalt seines Einkaufswagen vermittelt Ihnen ein Bild davon, welchen Typ Mann Sie vor sich haben. Erlaubt ist was gefällt, aber ich rate Ihnen trotzdem die Finger von Männern zu lassen, die gerade Babynahrung kaufen. Die Chancen mit einem solchen Mann eine Affäre zu beginnen, stehen denkbar schlecht.

Doch auch das Anbandeln fällt im Supermarkt relativ leicht, man kann sich beispielsweise direkt hinter ihn in der Schlange an der Käsetheke anstellen und so unkompliziert in ein Gespräch verwickeln. Der Phantasie sind auch hier keine Grenzen gesetzt, der Supermarkt ist ein Revier dessen Potentiale endlich angemessen genutzt werden sollten.

Ebenfalls sehr effektiv kann es sein, mit Männern in Bücherläden anzubandeln. Grundsätzlich gibt es zwei Typen von Männern, die Ihnen in Buchläden begegnen: Die einen, die im Buchladen ein ganz bestimmtes Buch kaufen möchten. Diese Männer gehen in den Buchladen hinein, holen sich schnell ihr Buch, bezahlen und sind schon wieder auf dem Weg nach draußen. Diesen Typ Mann können Sie im Buchladen eher vernachlässigen. Viel interessanter für Ihren Zweck ist nämlich der zweite Typ Mann: Derjenige, der im Buchladen ist um irgendein Buch einer bestimmten Gattung zu kaufen. Hierbei kommt Ihnen ein besonderer Umstand zu Hilfe: Sie bekommen die Männer schon vorsortiert! Je nachdem, ob er in der Abteilung für Sportbücher oder Literatur für die Kindeserziehung ist, wissen Sie sofort woran Sie sind. Nutzen Sie diesen Vorteil und ergreifen Sie je nach Geschmack Ihre Chance!

Wie wäre es mit dem attraktiven Kollegen?

Der Arbeitsplatz bietet sich für Verführungen mehr an als so manch anderes Revier. Kein Wunder: Wir befinden uns in einer vertrauten Umgebung und haben in der Regel auch jede Menge Zeit um das passende Objekt der Begierde auszuwählen. Wenn Sie nun nicht gerade im Frauenknast oder in der Gerichtsmedizin arbeiten, so sollte sich doch hin und wieder die eine oder andere günstige Gelegenheit bieten. Gerade beim Arbeitplatz kann man oft beobachten, dass manche Frau sich im absoluten Paradies befindet, ohne dies richtig wahrzunehmen. Meistens gibt es in der Abteilung oder im ganzen Unternehmen nicht nur einen, sondern gleich eine ganze Reihe attraktiver Traummänner. Und selbst wenn dies ausnahmsweise nicht der Fall sein sollte, so bieten sich am Arbeitsplatz doch auch immer zusätzliche Chancen: Sei es der Praktikant, der für einen Monat im Büro gegenüber sitzt oder der Student, der nur in seinen Semesterferien bei Ihnen in der Firma jobbt.

Gelegenheiten mit Männern aus Ihrem Arbeitsumfeld anzubandeln gibt es mehr als genug. Gerade wenn man sich gegenüber Vorgesetzten oder Kollegen mal etwas netter und hilfsbereiter gibt, können diese doch erstaunlich offenherzig sein.

Neben der klassischen Arbeit in Ihrem Büro ist die Kantine ein guter Ort, um neue Bekanntschaften zu machen. Clever ist, wer seine Chancen wahrnimmt. Doch nicht nur in der Kantine lässt es sich gut anbandeln, Betriebsfeste haben nicht umsonst das Image, dass man dort besonders gut

Kollegen verführen kann. Das ist eigentlich auch selbst verständlich: Wo sonst kann man mit einem netten Kollegen ungezwungen auf Kosten der Firma einen trinken und ihn so besser kennen lernen. Wenn Sie danach noch in der Lage sind, mit dem Kollegen einen kleinen Ortswechsel vorzunehmen, so haben Sie die beste Gelegenheit, einen Treffer zu landen. Aber auch wenn nur Ihr Büronachbar Geburtstag hat und daher einen kleinen Sektumtrunk veranstaltet, so ist das eine hervorragende Gelegenheit, um endlich den Mann in ein Gespräch zu verwickeln, auf den Sie es schon seit langem abgesehen haben und der Sie bisher vielleicht noch nicht bemerkt hat.

Doch nicht nur wer im Büro tätig ist verfügt über solch glänzende Möglichkeiten. Viel besser ist natürlich ein Job, bei dem Sie täglich in Kontakt mit vielen Menschen kommen. Da es massenhaft Jobs dieser Art gibt, wäre es müßig hier alle aufzuzählen. Damit Sie sich aber über die Chancen und Möglichkeiten bewusst werden, sollten an dieser Stelle zumindest einige als Denkanstöße genannt werden.

Ein Klassiker unter den Jobs bei denen Sie von Berufswegen attraktive Männer allein zu Hause besuchen können, ist natürlich die Postbotin oder Versicherungsvertreterin. Gerade Vertreterinnen haben das große Glück, Männer in ihrem vertrauten Umfeld in intime Gespräche verwickeln zu können. Während andere noch etwas an Verführungsarbeit vor sich haben, bis sie überhaupt die Wohnung ihres Angebeteten betreten dürfen, befindet sich die glückliche Vertreterin quasi direkt am Ort des Geschehens. Es wäre natürlich geradezu töricht, bei einem solchen Job die guten Gelegenheiten nicht am Schopf zu packen. Aber auch als Ärztin, Rechtsanwältin und Psychiaterin haben Sie gute Chance auf attraktive Männer am Arbeitsplatz. Nicht zu vergessen sind die vielen Berufe, bei denen man auch berufsbedingt Hausbesuche macht. Wer als Ärztin bei einem attraktiven alleinstehenden Mann keinen Treffer landet, dem ist eigentlich auch nicht mehr zu helfen. Man muss es einfach mal darauf ankommen lassen!

Und selbst alle, die keine Arbeit haben, sei es nun wegen der schlechten wirtschaftlichen Situation oder weil sie beispielsweise studieren, haben im Grunde alle Zeit der Welt um das männliche Geschlecht zu verführen. Mit einer gewissen Frechheit und Kreativität geht meistens noch einiges. Wer sonst hat Zeit die Männer mal so richtig kennen zu lernen und sich mit Ihnen 24 Stunden lang zu Vergnügen? Sie merken, man kann jeder Situation noch etwas positives abgewinnen!

Verführen auf Partys und anderen Feiern

Partys sollten natürlich zu Ihrem Pflichtprogramm gehören. Wo sonst lernt man besser Traummänner kennen und kann diese schnell verführen? Doch jede Party ist anders und die Ausgangsituationen für eine erfolgreiche Verführung könnte nicht unterschiedlicher sein.

Interessant aber auch zuweilen nicht unkompliziert sind beispielsweise die gewöhnlichen Partys im ganz kleinen Kreis. Natürlich kann man auf solchen Partys prinzipiell auch die perfektesten Männer treffen, in der Regel gilt jedoch: Je kleiner der Kreis, desto schwieriger wird es einen attraktiven Mann zu finden.
Natürlich bestätigen Ausnahmen die Regel, aber zu den idealeren Gelegenheiten gehören sicher die großen Partys mit jeder Menge Ihnen unbekannten und interessanten Männer. Das Tolle an solchen Partys ist, dass es der grundlegende

Sinn dieser Art von Veranstaltungen ist, andere Leute kennen zu lernen und mit ihnen Spaß zu haben. Bei solchen Anlässen sollten Sie alle Register ziehen und sich auf sicherem Terrain befinden. Wer in dieser Situation brillieren kann, der wird es auch unter anderen Umständen schaffen. Das unangenehme an Partys kann nämlich sein, dass nicht nur Sie mit eindeutigen Absichten unterwegs sind. Wo sonst ist die Konkurrenz um attraktive Männer so groß, wie auf Partys? Das sollten Sie sich immer bewusst machen. Natürlich gilt der Spruch: »Konkurrenz belebt das Geschäft«. Aber einfacher ist es sicher, bei der Verführung nicht von Nebenbuhlerinnen gestört zu werden.

Nichtsdestotrotz gelten Partys zwar als aussichtsreiches, aber dennoch nicht zu verachtendes Revier. Gekonntes Auftreten und eine geübte und sicher beherrschte Verführung entscheiden hier im besonderen Maße über Erfolg oder Misserfolg.

Eine klassische Fehleinschätzung der Situation unterläuft vielen Frauen bei der Auswahl ihres Verführungsobjekts. Das hat einen einfachen Grund: Männer gehen ungern alleine auf Partys. Gerade Singles haben daher die Angewohnheit, in Begleitung einer guten, platonischen Freundin zu erscheinen. Das ist auch ganz verständlich: »Er« möchten nicht den Eindruck erwecken, »übrig geblieben« zu sein. Dieses Verhalten führt leider zu zahlreichen Fehleinschätzungen auf Seiten der Frauen. Viele Männer werden nur relativ zurückhaltend angesprochen, da man davon ausgeht, dass ihre Partnerin direkt neben ihnen steht. Diese wirklich klassische Fehleinschätzung können Sie allerdings bei einem besonders taktvollen Vorgehen als Vorteil nutzen. Lassen Sie die anderen Frauen ruhig denken, der attraktive Mann wäre in Begleitung seiner Partnerin erschienen. So lässt es sich doch noch ohne Konkurrenz auf Partys anbandeln.

Auch die etwas formelleren Cocktailpartys und Empfänge eignen sich hervorragend zum Anbandeln. Grundsätzlich gibt es auf solchen Veranstaltungen zwei Typen von Männern: Zum einen die, die aus eigenem Interesse oder beruflichen Gründen anwesend sind. Und zum anderen die Männer, die eigentlich weder Lust noch Interesse an Veranstaltungen dieser Art haben. Gerade die letzteren sind meist für einen Flirt offen und freuen sich, wenn Sie von einer Frau in ein anregendes Gespräch verwickelt werden. Mit etwas Menschenkenntnis erfährt man schnell, ob sich der Herr auf dieser Party aus beruflichen Gründen aufhalten muss oder weshalb er gegen sein Interesse hier verweilt. Natürlich ist es in diesem Fall schwierig, den Guten noch am gleichen Abend zu vernaschen. Erfahrene Frauen bauen allerdings vor. Wenn es mit diesem Mann nicht heute Abend klappt, kein Problem. Vielleicht lohnt es sich ja, zunächst einen anderen Mann vorzuziehen und in einigen Tagen auf diese Chance zurückzugreifen.

Möglichkeiten bei solchen Empfängen Männer kennen zu lernen bieten sich bekanntlich reichlich. Am Büffet, bei einem Glas Sekt oder während der langweiligen Ansprache des Gastgebers. Nutzen Sie Ihre Chance, werden Sie aktiv.

Chancen in Kneipen und Bars ergreifen

Die idealste Ausgangsituation für eine gelungene Verführung kennen wir alle: Ein attraktiver Mann sitzt oder steht alleine an der Bar. Wer hier nicht aktiv wird, dem ist nicht mehr zu helfen. Es gibt nur wenige Gründe, warum ein attraktiver Mann alleine an einer Bar sitzen könnte. Zum einen könnte es

sein, dass er von seinem Date oder seinen Kumpels versetzt wurde. Eine ideale Situation für Sie. Zum anderen könnte es allerdings auch sein, dass er aus privaten Gründen an der Bar sitzt (beispielsweise um eine zerbrochene Beziehung zu vergessen) und nun angesprochen werden will. Das ist doch auch völlig logisch. Oder glauben Sie etwa, dass ein attraktiver Mann aus Langweile alleine eine Bar besucht? Nein, es ist ganz offensichtlich: Dieser Mann will heute abend noch Spaß haben. Warum denn eigentlich nicht mit Ihnen? Natürlich handelt es sich in diesem Fall wahrscheinlich um die Art Mann, mit der man nur schwer eine längere Verbindung eingehen kann. Aber wer will das schon?
Fangen Sie also an, bevor Ihnen jemand anderes zuvorkommt. Wie genau Sie vorgehen, müsste Ihnen eigentlich längst bekannt sein. Es ist auch relativ egal, ob Sie ihm direkt einen Drink vorbeibringen oder zunächst den Barkeeper fragen, was der Mann trinken möchte. Das schöne an dieser Situation ist, dass Ihre Anmache ruhig plump und einfallslos sein kann. Denn attraktive Männer sitzen alleine in Bars, um von Frauen angesprochen zu werden. Also schreiten Sie ruhig zur Tat.

Eine weitere ideale Ausgangssituation bietet sich jeden Abend in den unterschiedlichsten Kneipen und im Sommer hervorragend in Biergärten. Hier hat nun wirklich jeder leichtes Spiel, der sein Glück wagt. Die Voraussetzungen sind doch hervorragend: An solchen Orten ist Alkohol im Spiel und lässt auch bei den perfektesten Traummännern die Hemmungen sinken und hier redet sowieso jeder mit jedem. Sie gehen ja auch nicht in eine Kneipe oder in den Biergarten um einsam und allein zu sein. Das einzigste was Sie hier stören könnte, sind Ihre Freundinnen, die es auf den gleichen Mann abgesehen haben und schon gierig sabbernd neben Ihnen das Objekt der Begierde anstarren. Das ist natürlich gar nicht förderlich. Gute Freundinnen können etwas wunderbares sein, und ich erlaube mir zu sagen, dass ich Freunde für den eigentlichen Reichtum im Leben halte.

Viele gute Freundinnen können Ihnen allerdings auch gehörig die Tour vermiesen. Gehen Sie deshalb lieber taktisch intelligent vor: Seien Sie entweder alleine oder höchstens zu zweit unterwegs, in Ausnahmefällen auch zu dritt. Alles andere können Sie vergessen. Es macht Spaß, mit Freunden oder Freundinnen einen drauf zu machen, aber es grenzt an pures Glück, wenn Sie an solchen Abenden mit einem fremden Traummann im Bett landet. Die meisten Männer stehen aus mir unerklärlichen Gründen nicht auf größere Gruppen von Frauen, sie empfinden diese fast als Bedrohung.

Umgekehrt ist das natürlich ganz ähnlich. Sie werden die größten Erfolge mit Männern haben, die Sie entweder alleine oder höchstens mit einem weiteren Mann (beispielsweise seinem Kumpel) antreffen. Bei größeren Gruppen von Männern wird es fast unmöglich, einen einzelnen Mann aus der Gruppe herauszulösen und diesen zu verführen. Ausnahmen bestätigen auch hier sicher die Regel, aber die Erfahrung spricht für sich.

Intime Stille – kluge Männer: Die Bibliothek

Die besondere Atmosphäre in einer Bibliothek ist etwas, von dem sich gerade Männer fast magisch angezogen fühlen. Und was für Männer! Es wird Sie sicher überraschen, was für überaus attraktive und vor allem intelligente Männer sich in Bibliotheken aufhalten. Die Bibliothek gehört nicht allein deswegen zu einem der effektivsten Reviere. Es gibt auch noch eine Reihe weiterer Vorteile, die sich dem Laien nicht unbedingt auf den ersten Blick offenbaren. Zum einen haben kaum andere Frauen die Bibliothek als Revier entdeckt, um Männer zu verführen. Das ist auch ganz logisch: Wenn Frauen in eine Bibliothek »müssen« dann in der Regel aus anderen Gründen, als der Findung eines optimalen Sexualpartners.

Doch wer sich die Vorteile der Bibliothek nicht zu nutzen macht, ist selbst daran schuld. Bedenken Sie doch einmal: Wenn Sie sich in einer Bibliothek aufhalten und so tun als würden Sie ein Buch suchen, dann assoziiert ein Mann mit Ihnen gleich zwei Eigenschaften: Erstens müssen Sie aus Sicht des Mannes gebildet sein, denn sonst würden Sie sich wohl kaum in einer Bibliothek herumtreiben. Und zweitens weckt eine Frau auf der Suche nach einem Buch bei einem Mann immer das Bedürfnis, ihr bei der Suche zu helfen. Wer es versteht in dieser Situation noch einen etwas hilflosen Eindruck zu machen, der kann sich dem Angebot der Hilfe eines Mannes schnell sicher sein.

Und dabei kann man mit gedämpfter Stimme natürlich ideal ins Gespräch kommen. Die intime Atmosphäre der Stille und des fast geflüsterten Gesprächs ist etwas, dass viele Männer dahinschmelzen lässt. Ferner ist auch zu beachten, dass Männer in Bibliotheken eine natürliche Neugier entwickeln, warum Frauen sich hierhin verirrt haben, die nicht unbedingt den Eindruck eines klassischen »Bücherwurms« vermitteln. Befriedigen Sie diese Neugierde ruhig bei einer Tasse Kaffee in der Cafeteria der Bibliothek, wo es sich auch ungestört weiterreden lässt.

Die Bibliothek ist auch ein wunderbarer Platz, um das Verführen von Männern zu üben. Da in einer Bibliothek alles immer etwas gelassener und ruhiger zugeht, können Sie Ihr Objekt der Begierde in Ruhe auswählen, kurz beobachten und sich dann auf den Akt der Verführung konzentrieren. Gerade die Bibliothek ist auch ein Beispiel dafür, dass es eine Menge

Orte gibt, an denen man Männer besonders leicht verführen kann, auf die man allerdings im ersten Moment gar nicht kommt. Das ist Ihre Chance!

Die »klassische« Verführung: Theater und Oper

Gehen Sie gerne ins Theater? Ich kann Ihnen auf jeden Fall einen sehr guten Grund geben, ins Theater oder in die Oper zu gehen: Attraktive Männer.

Doch Sie müssen sich gut umsehen. Ich meine damit nämlich nicht die Männer, die in Begleitung ihrer Ehefrau abends ins Theater oder in die Oper gehen. Die sind weniger interessant als die Herren, auf die Sie es abgesehen haben sollten: Männer, die alleine und (noch) ohne Begleitung im Theater oder in der Oper sind. Kennen Sie einen Mann, der gerne und aus freien Stücken ganz alleine ins Theater geht? Sicher nicht. Es macht nämlich in der Regel überhaupt keinen Sinn, ganz alleine ins Theater zu gehen.

Wenn sich eine Mann ohne Damenbegleitung ins Theater begibt, so hat das meist einen einfachen Grund: Er ist ein fanatischer Fan der Hauptdarstellerin, seine feste Begleitung befindet sich zur Zeit auf Geschäftsreise oder hat kein Interesse an Theater oder Oper. Einer der häufigsten Gründe wird allerdings sein, dass er das Theater liebt. Und hier kommen Sie ins Spiel, denn er würde es nämlich sicher auch lieben, hier eine Gleichgesinnte zu finden die mit ihm diese und andere Leidenschaften teilt.

Wenn es sich um einen dieser Fälle handelt, so sollten Sie jedoch besondere Rücksicht darauf nehmen, dass der gute Mann entweder am Theater allgemein oder zumindest an diesem speziellen Stück ein großes Interesse hat. Die Männer, die überhaupt kein Interesse am Theater haben, befinden sich in der Regel nämlich in Begleitung Ihrer Ehefrau, die ihn hierhin mitgeschleppt hat.

Um es mit deutlichen Worten zu sagen: Die Männer die sie im Theater verführen können, haben sich ins Theater begeben um ein Stück zu sehen. Leider ist das Hauptinteresse dieser Männer im Moment dann nicht, eine Frau wie Sie kennen zu lernen.

Bei nüchterner Betrachtung steht die Zeit in der Sie sich passiv verhalten müssen in keinem Verhältnis zu der Viertelstunde Pause, in der Sie aktiv zur Tat schreiten können.

Das soll damit keinesfalls heißen, dass Theater oder die Oper zum Verführen ungeeignet sind. Es bedeutet lediglich, dass es für Sie nicht das geeignete Jagdrevier ist, wenn Sie nicht selbst sehr gerne ins Theater oder in die Oper gehen.

Bei Theaterfreunden könnte sich das Theater aber als beliebtester Ort der Verführung herausstellen. Die Männer sind in der Regel attraktiver und kultivierter als an manch anderen Orten. Für Frauen mit höheren Ansprüchen ist das Theater oder die Oper daher uneingeschränkt zu empfehlen. Gerade Opernkenner können auch ihr bereits vorhandenes Fachwissen einsetzen, um Männer von ihren wahren Qualitäten zu überzeugen. Männer schmelzen nämlich regelmäßig dahin, wenn sie ein Frau mit Wissen von Kunst und Kultur beeindruckt.

Das Museum – hier gibt es viel zu sehen

Es gibt noch einen weiteren Ort, an dem man mit seinem Fachwissen Männer beeindrucken und somit punkten kann: Das Museum. Nur von den wenigsten als wahres Paradies der Verführungsmöglichkeiten erkannt, fristet das Museum noch ein Schattendasein in der Rangliste der besten Jagdreviere. Doch das ist völlig unbegründet! Das Museum ist ein hervorragender Ort, um attraktive Männer kennen und lieben zu lernen.

Doch gerade beim Anbandeln im Museum gibt es einige Fettnäpfchen, auf die man besonders achten sollte. So ist es eine der absoluten Todsünden, so zu tun als würde man sich auf dem Gebiet der Kunst auskennen, wenn man gleichzeitig nicht die geringste Ahnung hat. Wer hier versucht mit Halbwissen Männer zu beeindrucken, der ist völlig fehl am Platz und wird letztendlich scheitern. Wenn Sie überhaupt keine Ahnung von Kunst haben, so ist das kein Problem. Geben Sie es ruhig zu! Falls *er* darüber bescheid weiß, und Sie ihm sympathisch sind, so wird er Sie gerne aufklären. Und wenn selbst *er* keine Ahnung von Kunst hat, so haben Sie immerhin eine erste Gemeinsamkeit entdeckt.

Unangenehm kann die Situation daher nur werden, wenn Sie mit Ihrem Halbwissen falsche Sachen über das Kunstwerk erzählen und von ihm dabei ertappt werden. Mir ist bislang kein Mann bekannt, der sich durch offene Plumpheit geschmeichelt fühlte.

Ich rate Ihnen allerdings auch vom Versuch ab, ihren Traummann durch übertriebene Fachsimpeleien beeindrucken zu wollen. Wenn er wirklich Interesse an tiefgreifenden Erkenntnissen des frühen Impressionismus hat, dann wird er Ihnen das sicher kenntlich machen. Vergraulen Sie also niemanden damit, indem Sie wie eine Oberlehrerin so tun, als würden Sie alles wissen, oder noch schlimmer, alles besser wissen.

Wenn Sie nun also verstanden haben, was Sie im Museum besser nicht machen sollten, dann helfen Ihnen am besten noch ein paar Tipps, wie Sie am effektivsten vorgehen.

Zunächst sollten Sie das Objekt der Begierde einen Moment lang beobachten und ihm unauffällig folgen. Sehr schnell werden Sie dabei merken, ob der gute Mann im Museum ist, weil er sich für die Kunstwerke interessiert, oder ob er gelangweilt durch die Gegend spaziert und eigentlich aus dem selben Grund wie Sie im Museum ist, nämlich um dieses möglichst schnell mit einer neuen Bekanntschaft wieder zu verlassen.

Wenn sie es mit einem Mann der zweiten Gattung zu tun haben, so dürfte sich alles weitere als leichtes Spiel entpuppen. Verwickeln Sie das Objekt Ihrer Begierde einfach in ein ungezwungenes Gespräch und machen Sie sich einen großen Vorteil von Museen zu eigen: Nutzen Sie die hauseigene Cafeteria. Hier lässt sich ein begonnenes Gespräch ungezwungen vertiefen und man kann sich bei einer Tasse Kaffee zum ersten Mal näher kommen.

Das Konzert, die Disko und die Verführung

Diskos und Konzerte eignen sich ideal, um Traummänner zu verführen. Doch Konzert ist natürlich nicht gleich Konzert: Bei klassischen Konzerten kann ich nur auf das Kapitel für Oper und Theater verweisen, da bei klassischen Konzerten eher die oben genannten Situationen dominieren.

In diesem Kapitel erfahren Sie etwas darüber, wie man in Diskos sowie auf Rock–, Pop– oder ähnlichen Konzerten Männer verführen kann. Die Ausgangsbedingungen sind ideal: Die Stimmung ist meistens gut, alle wollen sich amüsieren und ihren Spaß haben. Die Musik ist laut, die Luft meist heiß und stickig. Was wünscht sich die professionelle Verführerin mehr? Hier sind Sie direkt im Geschehen, hier haben Sie ausgelassene Männer die einfach nur darauf warten etwas mit Ihnen anzufangen. Sie müssen nur loslegen! Zunächst müssen Sie sich allerdings darüber im klaren sein, was Sie wollen. Die Auswahl an sehr attraktiven Männern ist in sämtlichen Diskos und Konzerten nämlich regelmäßig unüberschaubar groß. Wenn Sie sich auf ein Objekt der Begierde festgelegt haben, dann sollten Sie schnell zu Tat schreiten. Gerade in vollen Diskos besteht nämlich die Gefahr, sich schnell wieder aus den Augen zu verlieren.
In der Disko und bei Konzerten müssen Sie den kommunikativen Teil Ihrer Verführung an eine andere Örtlichkeit verlegen, da es für eine gepflegte Konversation regelmäßig zu laut sein wird.
Über eins sollten Sie sich auch im klaren sein: Die Traummänner, die Sie in der Disko verführen, sind auch aus keinem anderen Grund in der Disko. Sie wollen abgeschleppt werden und haben das auch fast schon fest eingeplant. Sie dürften also leichtes Spiel haben, zumal Alkohol noch zu den harmlosen Sachen gehört, die in Diskos oder bei Konzerten oft konsumiert werden und Ihnen die Tour erleichtern.

Positiv an Diskos oder Konzerten ist, dass Sie bereits eine Gemeinsamkeit gefunden haben, über die Sie mit Ihrem Objekt der Begierde reden können: Ihr gemeinsamer Musikgeschmack. Sie werden nicht glauben wie effektiv sich mit etwas Übung ein Gespräch über Musik in eine ziemlich eindeutige Richtung entwickeln kann. Brillieren kann hier, wer konzentriert bei der Sache ist und sich immer das Ziel vor Augen hält, weshalb er überhaupt mit dem Mann anfängt über Musik zu reden: Sie wollen diesen Traummann letztendlich ins Bett bekommen. Wenn Sie das Gespräch dementsprechend führen und leiten, werden Sie überrascht sein, über welche gemeinsamen Interessen Sie außer Musik noch verfügen.

Schwieriges Revier: Verführen auf offener Straße

Zu dem mit Abstand schwierigsten Revier gehört die Straße. Sei es in der Fußgängerzone, an der Bushaltestelle oder am Zebrastreifen. Ganz klar: Das Verführen auf der Straße ist die Königsklasse und nur den wahren Meisterinnen vorbehalten. Das ist auch kein Wunder. Die tollsten Traummänner können Ihnen hier über den Weg laufen – und schon in wenigen Sekunden wieder verschwunden sein. Wem es hier gelingt, eine Traummann in ein Gespräch zu verwickeln, der hat schon fast gewonnen. Das gestaltet sich allerdings als äußerst schwierig und daher ist gerade hier Kreativität in ihrer höchsten Form gefragt. Doch Not macht ja bekanntlich erfinderisch und wenn Sie meinen, dass es sich lohnt, dann müssen sie natürlich aktiv werden.

Gerade auf offener Straße besitzen viele eine natürliche Hemmschwelle, um wildfremde und attraktive Männer anzusprechen. Das ist auch ganz verständlich, schließlich werden auch Sie nicht gerne auf der Straße von jeder beliebigen Person angesprochen. Und solange Sie den guten

Mann noch nicht von Ihren Qualitäten überzeugt haben, sind leider auch Sie eine dieser beliebigen Personen.

Es liegt absolut in Ihrem Ermessen, wie Sie auf der Straße am besten vorgehen. Jede Situation ist anders und es gilt schnell zu handeln, um Ihren Traummann nicht aus den Augen zu verlieren. Natürlich wird die Situation nicht immer so einfach sein und das Objekt der Begierde kommt beladen mit zwei schweren Einkaufstüten des Weges. Wer hier nicht seine Hilfe anbietet, ist selbst daran Schuld.

Die Erfahrung hat gezeigt, das es besonders vorteilhaft ist, attraktive Männer nach dem Weg zu fragen. Fragen Sie einfach, wo es beispielsweise zur »Schlossallee« geht. Eine solche Frage ist immer eine beliebte Einstiegsmöglichkeit in ein Gespräch.

Mit der Zeit werden Sie es (durch Übung) fast problemlos hinbekommen, aus einer banalen Frage ein interessantes Gespräch entstehen zu lassen. Natürlich sollten Sie sich gerade am Anfang schon Gedanken gemacht haben, wie Sie mit dem Traummann anknüpfend an Ihre Frage ins Gespräch kommen können. Gerade wenn Sie noch keine Übung haben, fehlt Ihnen einfach die Routine, um die Chance nicht zu vermasseln.

Besonders in solchen Situationen werden Sie feststellen, dass Übung wirklich den Meister macht. Einen Mann auf der Straße quasi »aus dem Stand heraus« zu verführen, erfordert das Zusammenspiel aller im Rahmen dieses Buchs bereits genannten Faktoren in Höchstform. Sie müssen einen perfekten ersten Eindruck auf diesen Mann machen und Ihre begehrenswerten Eigenschaften gut vermitteln.

Nonverbale Botschaften wie Körperhaltung, Gestik und ein ungezwungener, aufgeschlossener und freundlicher Augenkontakt sind dabei genauso wichtig wie Ihre kommunikativen Fähigkeiten, die Sie hier auch unter Beweis stellen müssen.

Ganz klar kann eine erfolgreiche Verführung direkt auf der Straße nur erfolgen, wenn Sie entweder hart trainiert haben oder ein beneidenswertes Naturtalent sind.

Wichtig ist, dass Sie es einfach drauf ankommen lassen müssen. Was kann Ihnen schon schlimmes passieren? Sie bekommen höchstens einen Korb. Und das dürfte Sie wirklich nicht schrecken. Versuchen Sie es einfach, sie werden nach den ersten Erfolgen überrascht sein, wie einfach das Spiel der Verführung eigentlich zu spielen ist.

TEIL3
Der Ernstfall

Versuchungen sollte man nachgeben. Wer weiß, ob sie wiederkommen!

Oscar Wilde

Einleitung

Nun ist es endlich soweit, der Ernstfall naht. Sie haben erfolgreich einen absolut perfekten Traummann kennen gelernt, Ihre Verführungskünste haben angeschlagen und im Grunde haben Sie beide nur noch das eine im Sinn: »So schnell wie möglich zur Sache kommen.«

Da auch in dieser entscheidenden Phase noch einiges schief gehen kann, erfahren Sie in den nächsten Kapiteln, wie Sie typische Fehler vermeiden können und so sicher zum Erfolg gelangen.

An dieser Stelle bietet sich auch eine gute Gelegenheit, um ein gängiges Missverständnis auszuräumen. Der Mann, der sich mit Ihnen einlässt ist keinesfalls ein »Opfer« und in »Ihre Falle getappt«. Das ist völliger Unsinn. Jeder Mann, der sich von einer Frau verführen lässt, will das was daraufhin passiert genauso wie die verführende Frau auch. Aus Sicht der Frau mag manchmal der Eindruck entstehen, ein solcher Erfolg gehe zu Lasten der Mannes. Es ist völlig unbegründet, so etwas zu denken. Seien Sie sich sicher, dass der verführte Mann es in der Regel mindestens ebenso faustdick hinter den Ohren hat wie Sie.

Es wäre reichlich naiv von Ihnen zu glauben, man hätte einen Mann verführt, den man eigentlich nicht verführen kann und der sich ansonsten nicht irgendwelchen Frauen hingibt.

Das ist natürlich nicht der Fall. Der verführte Traummann hat genau wie Sie die verschiedensten Gründe, warum er sich gerade mit Ihnen im Bett befindet. Oft möchten Männer genau wie Frauen einfach nur den hemmungslosen Sex, ohne sich mit irgendwelchen beziehungsmäßigen Verpflichtungen zu belasten. Wenn er noch relativ unerfahren ist, so kann es sein, dass er Sie nur zum *üben* benutzt und auf diese Weise das Nützliche mit dem Guten verbindet. Öfter als man glaubt, möchte der Mann beim Sex mit Ihnen einen andere Frau vergessen, die ihn vielleicht enttäuscht hat. Nicht zu unterschätzen sind auch die vielen Männer, die durch Sex mit Ihnen einfach ihr langweiliges Ehe– oder Beziehungsleben aufpeppen wollen.

Wie Sie sehen müssen die Motive der Männer also letztendlich auch nicht edler sein als Ihre. Und irgendein Motiv wird er schon haben, sonst hätte er sich schließlich auch nicht auf die Verführung eingelassen.

Alkohol – auf die Dosis kommt es an!

Natürlich können weitere Faktoren wie Alkohol gerade beim Vorgang der Verführung hilfreich sein, um Sie bei Ihrem Vorhaben zu unterstützen. Das ist auch ganz verständlich: Alkohol wirkt in geringen Mengen wie ein Aphrodisiakum, er regt die Lust– und Sexualzentren im Gehirn an und verleiht der Phantasie Flügel. Er schwächt die natürlichen Kontrollmechanismen wie Angst und Hemmungen und spielt damit Ihrem Vorhaben zu. Die Realität zeigt immer wieder: Traummänner die leicht angetrunken sind lassen sich nicht nur einfacher, sondern fast kinderleicht verführen! Natürlich sollten Sie trotzdem konzentriert und überlegt nach der EBK-Formel vorgehen, aber die Erfolgsaussichten werden durch den Einsatz von Alkohol deutlich erhöht.

Damit Sie mich jetzt richtig verstehen: Ich spreche hier von Alkohol in kleinen Mengen! Keinesfalls will ich Ihnen dazu raten, den Mann durch den Konsum von Alkohol derart zu benebeln, dass er es aufgrund schwindender Koordinationsfähigkeit mit jeder machen würde.

Das ist auch wirklich nichts erstrebenswerten, denn mit einer betrunkenen Mann werden Sie keinen Spaß im Bett haben. Sex mit einem besoffenen Mann ist kein Vergnügen und sollte daher von Ihnen auch in keiner Weise als erstrebenswert angesehen werden.

Der richtige Einsatz von Alkohol ist so schwierig, weil bereits ein Glas zuviel die positive und anregende Wirkung des Alkohols wieder zunichte machen kann. Sicher ist Alkohol eine gute Unterstützung auf dem Weg zu Ihrem Erfolg, zuviel des guten kann Ihren gesamten Erfolg aber wieder zunichte machen. Nutzen Sie daher die Hilfe des Alkohols in wohlüberlegten Maßen, weniger kann hier im Endeffekt mehr sein.

Zu mir oder zu dir?

Wenn Sie so weit sind, dass es eigentlich nur noch um den passenden Ort geht, an dem Sie es tun werden, dann sind Sie natürlich schon fast am Ziel. Doch unterschätzen Sie diese Situation nicht, auch hier gibt es noch mögliche Fehlerquellen und noch ist die Sache nicht in »trockenen Tüchern«. In der Regel gibt es die verschiedensten Möglichkeiten, Sie müssen nur die Beste wählen.

Die einfachste und idealste Situation ist gegeben, wenn Sie beide im selben Hotel wohnen. Das ist wirklich eine Konstellation zu der Sie sich gratulieren können. Jetzt ist es nämlich völlig egal, ob Sie zu ihm oder er zu Ihnen ins Zimmer kommt.

Wenn Sie beide verheiratet sind oder mit Ihren Partnern zusammenwohnen, so werden Sie wohl auch im Hotel landen. Von vermeintlich »sturmfreien« Wohnungen rate ich Ihnen generell ab. Zu oft kehrt der Partner ganz unverhofft und viel zu früh von der Geschäftsreise zurück. Das Risiko ist einfach zu hoch und daher höchstens etwas für Leute, die noch einen besonderen »Kick« brauchen.

Wenn die Notwendigkeit eines Hotels nicht besteht, stellt sich natürlich die klassische Frage, ob es zu Ihnen oder zu ihm in die Wohnung gehen soll.

Dafür kann es neben Ihrem persönlichen Belieben ganz handfeste Gründe geben, über die Sie sich bereits vorher Gedanken gemacht haben sollten.

Natürlich hängt die Frage, ob es lieber in Ihre Wohnung gehen soll auch davon ab, wie es in Ihrer Wohnung aktuell aussieht. Eine gute Vorbereitung kann hier von essentieller Wichtigkeit sein: Schmutziges Geschirr im Spülbecken und stinkige Strumpfhosen auf dem Boden bringen nur die wenigsten Männer in Ekstase. Eine perfekt aufgeräumte Wohnung gehört daher zur Pflicht, eine gekühlte Champagnerflasche im Kühlschrank zur Kür.

Für Ihre Wohnung kann sprechen, dass Sie sich in gewohnter Umgebung sicherer und wohler fühlen und somit gutem Sex nichts im Wege steht. Ebenfalls für Ihre Wohnung können auch ganz praktische Gründe sprechen, dass Sie beispielsweise mit Ihren aktuellen Klamotten nicht morgen direkt ins Büro fahren können. Bei sich zu Hause können Sie sich am nächsten Morgen in aller Ruhe anziehen, ohne viel früher aufzustehen um dann erst nach Hause fahren zu müssen.

Gegen Ihre Wohnung kann neben der oben erwähnten Unordnung die Tatsache sprechen, dass Sie fremde Männer nur ungern in Ihre Wohnung lassen. Ein wichtiger und nicht zu vernachlässigender Grund kann auch sein, dass Sie nicht wollen, dass er Ihre Adresse erfährt.

In diesem Fall ist es natürlich idealer, in die Wohnung des Mannes zu gehen. Das hat darüber hinaus auch den Vorteil, dass Sie jederzeit aufstehen und nach Hause gehen können.

In die eigene Wohnung

Sollten Sie sich doch für Ihre eigene Wohnung entscheiden, kann diese Entscheidung nur am Ende eines langen Vorbereitungsprozess stehen, bei dem Sie Ihre Wohnung (wie oben bereits kurz angedeutet) fit für eine »Bettgeschichte« machen. Damit wir uns richtig verstehen: Ich gehe jetzt nicht davon aus, dass es in Ihrer Wohnung wie auf einer Müllkippe aussieht. Ganz im Gegenteil, dass es ordentlich und wohnlich ist setze ich in diesem Kapitel bereits voraus. Doch neben dem puren Aufräumen gibt es noch eine Reihe weiterer Vorbereitungen, die für einen Abend mit perfektem Sex einfach getroffen werden müssen.

Das fängt bei Ihrem Kühlschrank an: Wer keine gekühlte (bitte nicht zu kalt) Flasche Champagner bereitgestellt hat, ist ganz klar im Nachteil und einfach schlecht vorbereitet. Wie Sie oben bereits lesen konnten, kann Alkohol und insbesondere Champagner Wunder wirken, wenn man es nicht gleich übertreibt. Die Frage ob es wirklich Champagner sein muss oder ob nicht doch eine Flasche günstiger Sekt reicht, werden Sie sich doch wohl nicht ernsthaft stellen. Ich kann Ihnen jedenfalls aus eigener Erfahrung berichten, das wir Männer uns nur sehr selten von einem billigen Glas »Puffbrause« beeindrucken lassen. Sparen Sie also lieber nicht am falschen Ende, Sie wollen ja schließlich auch reich belohnt werden.

Neben dem richtigen Getränk sollten in Ihrem Kühlschrank auch immer eine Vielzahl von Leckereien und Delikatessen verfügbar sein. Diese eignen sich bei Hunger nicht nur hervorragend zur Integration ins Liebesspiel, Sie können auch bei einer langen Nacht zu einem willkommenen Energiespender werden. Sie wissen ja vorher nicht wie ausdauernd der Mann ist, den Sie gerade verführt haben. Man sollte daher auf alles vorbereitet sein.
Vorbereitungen sollten Sie auch in Form der richtigen Beleuchtung getroffen haben. Dabei gibt es eigentlich nur eine Alternative, die Ihr Liebesspiel ins rechte Licht rückt: Kerzen in Hülle und Fülle. Kerzenlicht lässt nicht nur eine romantische Stimmung entstehen bei der sich Traummänner vollends ihrer Lust hingeben können, das angenehme Kerzenlicht lässt auch über so manch körperlichen Makel hinwegsehen.

Ein weiterer nicht zu unterschätzender Faktor ist die Auswahl der richtigen Musik. Ganz im Ernst: Auch wenn Sie persönlich auf Technomusik stehen und felsenfest davon überzeugt sind, dass es sich zu dieser Musik am besten verkehren lässt – Vergessen Sie es! Mit Techno beweisen Sie nicht nur, dass Sie überhaupt nicht romantisch sind und kein Feingefühl besitzen, sie offenbaren sich darüber hinaus sogar als ungeschickte Anfängerin in Sachen Verführung. Und jeder Sex auf den Sie wegen Techno verzichten müssen, ist ein Mal zu viel.

Optimal vorbereitet sind Sie, wenn Sie über eine breite Mischung an Musik für jeden Typ Mann besitzen – vom Techno mal abgesehen. Den kultivierten älteren Herren können Sie mit Ihrer Klassiksammlung imponieren, den Studenten mir Ihrer gut sortierten Sammlung an Rockballaden. So ist für jeden etwas dabei und Sie sind einfach gut vorbereitet. Dann kann *kommen* was will!

Der perfekte Abgang

Nach dem Sex geht es spätestens am nächsten Morgen darum, einen ordentlichen Abgang hinzulegen. Falls Sie glauben, dass Sie durchaus irgendwann einmal Lust verspüren könnten mit diesem Mann wieder intim zu werden, dann sollten Sie dieses Kapitel mit dem nötigen Ernst durchlesen. Falls das Liebesspiel eher eine Zumutung war und keiner Wiederholung bedarf, so können Sie dieses Kapitel getrost ignorieren.

Direkt nach dem Sex kommt es bereits wieder zu einer kritischen Phase. Schon jetzt sollten Sie sich darüber im klaren sein, ob Sie mit diesem Mann gerne öfter ungezwungenen Sex haben möchten. Amerikanische Studien ergaben nämlich, dass das Nachspiel für eine sexuelle Beziehung oft von größerer Bedeutung ist als die Qualität des Vorspiels und des Sex an sich. Diese interessanten Erkenntnisse dürfen Sie natürlich nicht ignorieren. Leider lässt gerade beim Nachspiel unsere Phantasie oft zu wünschen übrig. Doch da die ersten zwanzig Minuten nach dem eigentlichen Sex einen größeren Einfluss auf den Partner haben kann als alles, was in den Stunden davor geliefert wurde, bilden Sie die Grundlage für den nächsten Sex mit diesem Mann. Ganz egal ob sich dieser nächste Sex am folgenden Morgen, eine Woche oder ein Jahr später abspielt.

Interessanterweise kann man mit einem gelungenen Nachspiel darüber hinweghelfen, wenn es mit dem eigentlichen Sex nicht so dolle war. Eine willkommene Möglichkeit also, um die verlorene Ehre wieder zu retten. Natürlich ist es auch nicht dienlich, wenn Sie beim Sex unbestritten großartig waren und danach einfach aus dem Bett springen, sich anziehen und das Weite suchen. Keine gute Grundlage, um mit diesem Mann noch einmal Sex zu haben. Ich plädiere immer dafür, sich alle Möglichkeiten offen zu halten. Hatten Sie mit dem Mann Spaß, dann investieren Sie noch ein wenig Mühe in ein gelungenes Nachspiel. Vielleicht wird es sich für Sie irgendwann wieder auszahlen.

Doch nicht nur ein perfektes Nachspiel gehört zu einem gelungenen Abgang. Auch der Morgen danach, vorausgesetzt Sie bleiben so lange zusammen, bildet die Grundlage für den nächsten Sex mit diesem Mann. Wie leicht es Ihnen nun fällt, unbeschwert miteinander aufzuwachen und zu reden, hängt selbstverständlich davon ab, welche Beziehung Sie bislang zueinander aufgebaut haben.
Die optimale Situation ist sicherlich, dass man sich, ohne sich richtig zu kennen, bereits so vertraut ist, dass es einfach nur schön ist neben diesem Mann aufzuwachen und seine Nähe und Wärme zu spüren. Wie Sie sich in solchen Situationen verhalten sollten braucht hier nicht näher behandelt zu werden, dass ergibt sich von alleine.
Natürlich wird es auch Situationen geben, da werden Sie morgens aufwachen und mit erstaunen feststellen, dass da noch jemand neben Ihnen liegt. Wenn Sie sich nun in Ihrer eigenen Wohnung befinden, ist das halb so schlimm. Sie

können dann leise aufstehen und erst mal Ihre Kaffeemaschine anwerfen.

Wenn Sie sich nicht in Ihrer eigenen Wohnung befinden, ist die Situation ungleich ungünstiger. In diesem Fall können Sie nicht einfach aufstehen und sich in der Küche mit dem Frühstück beschäftigen. Natürlich dürfte es nicht allzu schwer sein herauszufinden, wo sich Kaffee, Butter und Eier befinden. Männer haben aber leider manchmal eine Allergie dagegen, wenn fremde Frauen in ihrer Küchen herumkramen.
Wenn er zuerst aufwacht, dann kommen Sie um dieses Problem natürlich herum. Entweder er wird Sie dann ganz lieb aufwecken, oder er verschwindet direkt im Bad um anschließend Frühstück zu machen.
Wenn Sie zuerst aufwachen, dann wäre es schlecht sich einfach schnell anzuziehen und still und heimlich zu verschwinden. Falls Sie es wirklich sehr eilig haben und sich im Grunde die Möglichkeit offen halten möchten, mit diesem Mann erneut Sex zu haben, dann hauchen Sie ihm zumindest einen Kuss auf die Schulter und schreiben einen ganz netten Zettel, mit dem Versprechen, sich bald wieder zu melden.

Wenn Sie zuerst in seiner Wohnung aufwachen und Zeit haben und den Vormittag oder das Wochenende mit diesem Mann verbringen möchten, dann wecken Sie ihn entweder ganz lieb auf oder warten geduldig, bis er langsam aufwacht. Am besten stellen Sie sich dann noch mal kurz schlafend, um ihn »zuerst« aufwachen zu lassen. So können Sie sich um den ersten Satz drücken und überlassen ihm das Handeln.

Ist dieser erste (meist unangenehme) Augenblick erst mal vorüber, so ergibt sich alles weitere meist von selbst. Bedenken Sie aber immer, dass ein positiver Abgang nicht nur ein positives Bild des Mannes von Ihnen vollendet, er bildet vielmehr die Grundlage für das nächste Mal Sex mit diesem Mann.

Die Abfuhr

Am Ende dieses Buches muss ich natürlich, um Ihnen das komplette Bild vermittelt zu haben, auch auf die »Körbe« eingehen, die Sie natürlich auch hin und wieder kassieren werden.

Es wird Ihnen immer wieder passieren, dass Sie an Traummänner geraten, die zwar toll aussehen und mit denen Sie im Bett bestimmt viel Spaß hätten, die aber auf all Ihre Bemühungen mit einem eindeutigen »Nein« reagieren. Ich kann Ihnen aus meiner persönlichen Erfahrung sagen, dass ein *Nein* nicht immer gleich ein *Nein* sein muss, doch ich möchte Sie natürlich auch nicht dazu verleiten, irgendwelchen Männern hinterherzulaufen. Sicher gibt es immer wieder Traummänner und Situationen, da lohnte es sich einfach am Ball zu bleiben. Auf eine humorvolle und freundliche Art können Sie sehr oft noch so manches Ruder rumreißen.
Aber das ist sicher die Ausnahme und wenn Sie einen Korb bekommen, dann sollten Sie ihn auch als solchen erkennen und akzeptieren.

Dringend warnen muss ich Sie vor Trotzreaktionen auf Körbe, die Ihre Situation im Grunde nur verschlechtern. Reaktionen ihrerseits wie »Im Grunde haben Sie es gar nicht verdient, dass ich Sie anmache!« oder »Sie sind eigentlich sowieso nicht mein Typ!« sorgen sicher dafür, dass Sie ihren Frust ablassen, machen aber alles nur noch schlimmer. Natürlich sind Sie verletzt und enttäuscht, wenn Sie einen Korb bekommen, das ist auch völlig normal. Mit blöden Sprüchen zu versuchen, diesen Mann jetzt wenigsten noch etwas zu ärgern oder zu brüskieren ist dabei aber sicher nicht der richtige Weg. Ein solches Verhalten wäre eher etwas kindisch.

Bleiben Sie in jeder Situation cool und zeigen Sie so, dass Sie eigentlich über der Sache stehen. Wahre Größe beweißt, wer einen Korb sportlich nimmt und darüber lachen kann.

Manchmal hilft einfach alles nicht weiter: Der traumhafte Mann auf den Sie es abgesehen haben, lässt Sie einfach nicht ran. Es wäre jetzt völlig falsch, Ihr gesamtes Selbstbewusstsein über Bord zu werfen und Trübsal zu blasen. Schon gar nicht, wenn Sie dieses Buch gründlich gelesen haben und sich an alles gehalten haben, was ich Ihnen aufgetragen habe. Wenn Sie alles befolgt haben, dann liegt es in der Tat höchstwahrscheinlich nicht an Ihnen, sondern an einem anderen Grund, der sich Ihnen ohne Hintergrundwissen natürlich nicht erschließt. Er könnte gerade frisch in eine andere Frau verliebt sein; Er hat sich am Vortag von seiner langjährigen Freundin getrennt und vorerst die Schnauze voll von Frauen oder irgend etwas ähnliches.

Sie sollten nie den Kopf hängen lassen, denn es wird noch genug andere Chancen geben, die Sie verwirklichen werden. Ich kann Sie übrigens beruhigen: Mit der Zeit werden Sie so eine Routine bekommen, dass Ihnen Körbe fast überhaupt nichts ausmachen. Sie werden sich während der Mann seinen Korb ausspricht schon nach dem nächsten Objekt der Begierde umsehen. Und das ist auch genau die richtige Einstellung! An dem Tag, an dem Ihnen der Korb eines sehr attraktiven Mannes überhaupt nichts mehr ausmacht, werden Sie bei dem nächsten so locker und relaxt sein, dass es mit ihm bestimmt klappt. Sie werden es sehen!

Nachwort

Am Ende des Buches muss ich Sie daran erinnern, was Ich Ihnen am Anfang gesagt habe: Ich werde Ihnen zeigen, wie Sie ganz einfach Ihren Traummann verführen können, ohne Ihnen dümmliche Tipps wie »nehmen Sie ein paar Pfund ab« oder »lassen Sie sich Ihre Brüste vergrößern« zu geben.

Wie Sie sehen, war die ganze Sache doch relativ einfach und überschaubar. Und das ist auch letztendlich das Geheimnis einer perfekten Verführung: Das es überhaupt kein Geheimnis gibt – die Verführung ist ein erlernbares Handwerk.

All die ganz durchschnittlichen Frauen mit den absolut perfekten Männern wenden dass an, was ich Ihnen in diesem Buch beschrieben habe. Sie sind hervorragende Selbstdarsteller und lassen bei Männern genau den Eindruck entstehen, den die Männer haben wollen. Und nur so können auch Sie erfolgreich sein. Sicher wird es die eine oder andere unter Ihnen geben, die dieses Buch nach der Lektüre wegwirft und sich zweifelnd fragt, ob das von mir beschriebene wirklich alles so sein kann. Diese Leserinnen dachten sich insgeheim sicher, dass Verführen von Traummännern hätte mit magischen Kräften, geheimnisvollen Ritualen, schnellwirkender Hypnose oder letztendlich mit irgend einem anderen absurden Grund zu tun. Diesen Leserinnen kann ich nur empfehlen, meine Hinweise zu beherzigen und es einfach mal ernsthaft auszuprobieren.

Auch wenn Sie immer noch zweifeln, ob es klappen kann. Ich sage Ihnen: Es kann nicht nur klappen, sondern es klappt ganz einfach. Sie müssen es nur ausprobieren, dann werden Sie es schon sehen.

Natürlich ist alles mit etwas Arbeit (hier in Form des Trainings) verbunden. Aber das ist immer so im Leben. Oder dachten Sie, Sie könnten dieses Buch lesen und zwei Stunden später mit Ihrem gerade verführten Traummann im Bett liegen? Das ist natürlich nicht so, ich kann genauso wenig zaubern wie Sie. Und das brauche ich auch überhaupt nicht. Denn Sie können auch ohne Zauberei jede Nacht einen anderen Traummann verführen.

Falls Sie mal wieder eine besonders tollen Mann abgeschleppt haben, schreiben Sie mir eine E-Mail! Ich freue mich immer über Erfolgsmeldungen die auf diesem Buch beruhen. Ich kann Ihnen zwar nicht versprechen, dass ich Ihnen auf Ihre Mail antworte, aber ich verspreche Ihnen jede zu lesen und mich mit Ihnen zu freuen.

So, jetzt genug der Worte – auf zur Tat. Lassen Sie es krachen, Sie wissen jetzt ja wie es geht. Ich wünsche Ihnen viel Erfolg und drücke Ihnen die Daumen. Haben Sie viel Spaß!

Danksagung

Im Grunde ist das Schreiben eines Buches eine einsame Sache.

Man sitzt stundenlang über einzeln Wörtern und einzelnen Sätzen. Gerade wenn man glaubt, seine Gedanken richtig formuliert zu haben, kommen erneute Zweifel.

Oft war ich kurz davor, meinen Laptop in die Brandung des pazifischen Ozeans zu werfen und das gesamte Projekt zu begraben.

In einer solchen Situation ist es wichtig, Freunde zu haben, die dem Autor mit objektiven Einschätzungen und kritischen Anmerkungen zur Seite stehen.

Nicht zuletzt durch meine vielen Freunde in Kalifornien und Deutschland, die mich bei der Arbeit unterstützt und mir geholfen haben, wurde diese einsame Arbeit zu einer großen Freude.

Sie alle hier aufzuzählen wäre ungerecht, da ich sicher den einen oder die andere vergessen würde.

Bedanken möchte ich mich auch bei den vielen Freunden und Bekannten, die mir in oft stundenlangen Gesprächen ihre ganz persönlichen Erfahrungen zum Thema Verführung offenbarten. Mein Dank gilt ihnen im besonderem Maße, da ihre Ausführungen manchmal mit nicht mehr als ein oder zwei Sätzen ins Buch eingeflossen sind.

An dieser Stelle möchte ich namentlich nur Nathalie Winterfeld aus Köln erwähnen, die freundlicherweise wieder die Gesamtbearbeitung des Manuskript übernommen hat. Ohne Ihre Hilfe wäre dieses Buch nicht entstanden.

Als ich Nathalie erzählte, dass ich sie in meiner Danksagung erwähnen möchte, bat sie mich sofort klarzustellen, dass ich mit ihr nie etwas hatte. Das greife ich gerne auf, wobei ich anmerken möchte, dass Nathalie eine großartige und bemerkenswerte Frau ist.

Zum größten Dank verpflichtet bin ich aber vor allem den unzähligen Frauen, die mich zu diesem Buch inspirierten und denen ich dieses Buch auch Widmen möchte. Frauen waren schon immer meine große Leidenschaft und werden dies auch immer sein. Sie bringen mich zur Höchstleistung und rauben mir gleichzeitig den letzten Nerv. Ihnen allen rufe ich zu: Macht weiter so! Ich brauche das.

Über den Autor

Stanley McGraw wurde 1968 in Los Angeles geboren und ist der Sohn einer deutschen Schauspielerin und eines kanadischen Diplomaten.
Nach diversen Auslandsstationen lebt er seit 1997 in seinem Strandhaus in Santa Barbara in Kalifornien.

Seine Liebe zu Deutschland entwickelte er in seiner frühen Jugend, als seine Mutter für eine Fernsehserie in München vor der Kamera stand und die gesamte Familie McGraw für vier Jahre an den Starnberger See zog. Noch heute besucht McGraw Deutschland regelmäßig für mehrere Monate im Jahr, um zu arbeiten und von hier aus auch zu Touren über die Alpen ans Mittelmeer aufzubrechen.

Das Kommunikationstalent McGraw spricht neben seinen beiden Muttersprachen deutsch und englisch auch fließend französisch, italienisch und spanisch.

Seit fünf Jahren ist er als freiberuflicher Führungskräfte-Coach für Medienkonzerne in den Vereinigten Staaten und Deutschland tätig. Neben seiner großen Leidenschaft »Frauen« widmet er sich dem Segeln, spielt Golf, ließt viel klassische Literatur und fährt leidenschaftlich gerne mit seinem Mercedes 280 SL Baujahr 1968 durch Italien und Frankreich und lernt auf diese Weise Frauen und Weine des Landes kennen und lieben.

Sie erreichen den Autor persönlich unter:

StanleyMcGraw@aol.com